LOCUS

LOCUS

LOCUS

LOCUS

from

vision

from 78 如何下決定

50 Erfolgsmodelle

作者：Mikael Krogerus and Roman Tschäppeler

繪圖：Philip Earnhart

譯者：胡瑋珊

責任編輯：湯皓全

校對：呂佳真

美術編輯：何萍萍

法律顧問：全理法律事務所董安丹律師

出版者：大塊文化出版股份有限公司

台北市105南京東路四段25號11樓

www.locuspublishing.com

讀者服務專線：0800-006689

TEL：（02）87123898　FAX：（02）87123897

郵撥帳號：18955675　戶名：大塊文化出版股份有限公司

總經銷：大和書報圖書股份有限公司

地址：新北市新莊區五工五路2號

TEL：（02）89902588（代表號）　FAX：（02）22901658

製版：瑞豐實業股份有限公司

初版一刷：2012年3月

定價：新台幣 220元

Printed in Taiwan

50 Erfolgsmodelle

如何下決定

Mikael Krogerus and Roman Tschäppeler 著
胡瑋珊 譯

目次

如何更加了解別人

如何改善他人

該你了

附錄

如何下決定

使用說明

為什麼你們該讀這本書？

這本書是為了每天都得和人應對的人士所寫的。不論你們是老師、教授、飛行員，還是頂尖的經理人，都會一再碰到同樣的問題：怎樣才能做出正確的決定？我要怎樣才能鼓勵自己和麾下的團隊？我要怎樣才能扭轉乾坤？怎樣才能提升工作效率？另外，在比較私人的領域則有這些問題：我在朋友之間的風評如何？我是活在當下嗎？我想要什麼？

你們會在本書看到什麼

本書將以文字和圖表描述五十個最棒的決策模型──有的知名、有的則否──協助各位處理以上的這些問題。不要期望直截了當的回答；準備好接受試煉。準備迎接思想的饗宴。你們從本書得到的知識，將會讓朋友和同事印象深刻：黑天鵝是什麼？長尾是什麼？帕雷托法則（Pareto principle）是什麼？我們為什麼老是丟三落四？面臨衝突時又該如何自處？

怎樣運用本書

你們可將本書視為工具書，仿效各種模型的做法、填入、刪去、開發和精進書中的內容。不論你們是否需要準備發表簡報，還是進行年度的績效評鑑；不論你們是否面對艱困的抉擇，還是現在終於擺脫耗費時日的爭端；不論你們是否想要重新評估公司的商業點子，還是想要更加了解自己──本書都會為你們提供指引。

決策模型是什麼？

本書介紹的模型都符合以下所列的標準：

簡化：這些模型並不會試圖包山包海，只有相關層面才會納入。

務實：聚焦於實用的部分。

摘要：這些模型會摘要說明複雜的相互關係。

視覺性的：本書模型會透過圖表說明，傳達文字難以表達的概念。

有組織的：這些模型提供一種結構，並且建立一種檔案系統。

這些模型是**方法**：它們並不會提供答案，而是提出問題；當你運用這些模型時，答案就會自然浮現，譬如填寫表單和實踐書中的內容。

在附錄中，各位讀者將會看到這些模型的引用文獻，以及參考書籍和網站。附錄中沒有文獻紀錄的模型則是作者自行開發的。

為什麼我們需要決策模型？

我們身陷混亂的局面時，會想辦法理出頭緒，想要看透，或至少以宏觀的角度來看事情。模型讓我們聚焦於真正重要的部分，進而簡化情況的複雜度。批評人士總喜歡說模型無法反映出現實狀況。確實如此，但不能就此宣稱模型會迫使我們以既定的方式思考。模型是積極思考過程的結果，並不會界定我們該想些什麼或是怎麼思考。

你們可以以美國或是歐洲的方式來念這本書。美國人傾向採取試誤法（trial-and-error）；先做事，失敗之後汲取教訓，然後再嘗試看看。如果這個方法適合你們，那麼就從「如何改善自己」開始。歐洲人通常是秉持理論做事。如果失敗的話，他們會分析、改善，然後再嘗試。如果這個做法比較符合你們的風格，那麼就從「如何更加了解自己」看起。

各個模型的效用如何端視讀者怎樣運用。

如何改善自己

艾森豪矩陣

怎樣加強工作效率

美國總統艾森豪（Dwight D. Eisenhower）曾說，「最緊迫的決策通常都不是最重要的」。艾森豪被視為時間管理大師，也就是說，他有能力在時限之內完成任何事情。憑著艾森豪的方法，你們會學到怎樣區別重要和緊迫之間的差別。

不論落到你們辦公桌上的工作是什麼，一開始便根據艾森豪的方法（參考模型）對工作進行分解，然後決定進行的方式。我們通常太過聚焦於「緊迫和重要」的領域，只看到需要立刻處理的事情。問問自己這些問題：我什麼時候要處理那些雖然重要、但並不緊迫的事情？我什麼時候能撥出時間處理這些重要的工作，以免它們變得緊迫？這是策略性、長期決策的領域。

另外一個改善時間組織的方法則是歸功於億萬富翁華倫・巴菲特（Warren Buffett）。條列所有今天要做的事情，一開始先從清單上頭第一項做起，唯有在完成之後才繼續下面的工作。當工作完成之後，便在清單上刪掉。

亡羊補牢猶未晚。但最好永遠都別延遲。

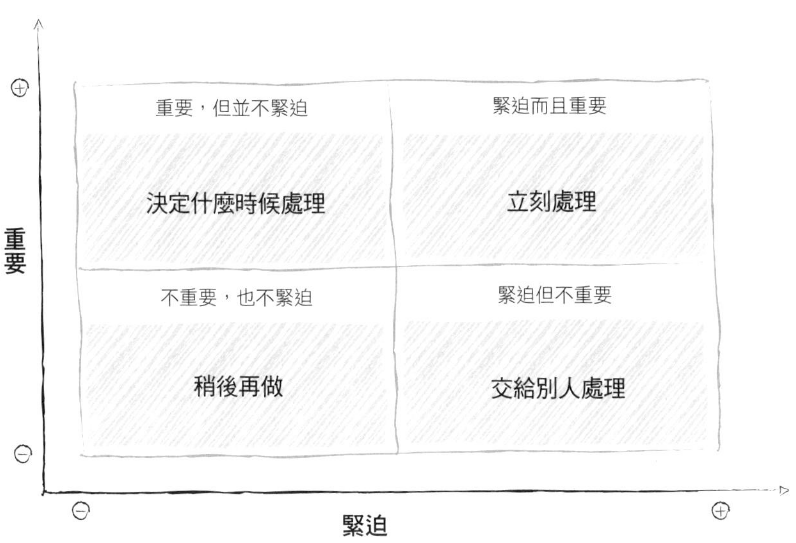

填入目前你們必須處理的工作。

SWOT分析法

怎樣找到正確的解決方案

SWOT分析法是評估專案工作中的優勢（Strengths）、劣勢（Weaknesses）、機會（Opportunities）和威脅（Threats）。這個技巧是根據史丹佛大學（Stanford University）於一九六〇年代針對財星五百大企業（Fortune 500）數據分析的研究而來。這項研究發現，企業在目標和實際達成目標之間存有百分之三十五的差距，問題不是出在員工沒有能力，而是因為目標設定過於模糊。許多員工對自己從事的工作也不知道所以然。SWOT分析法是根據這項研究開發出來的，目的在於協助專案參與者更加了解自己從事的工作。思索SWOT分析法的每一個步驟，而不是單純匆促地填寫。我們可以怎樣凸顯本身的優勢，並彌補（或是掩飾）本身的劣勢？我們可以怎樣充分掌握機會？怎樣才能保護自己免受威脅侵擾？

SWOT分析法有趣之處在其多面性：這可以應用在企業的決策，也可以用於個人的決定，結果同樣都很成功。

我們最擔心組織之中的起伏波動、紛擾、失衡；但這些最讓我們擔心的地方，卻也是激發創意最主要的來源。

——瑪格莉特・惠特利（Margaret J. Wheatley）

回想一下人生之中碰過的重大專案計畫，以及你們那時候會怎樣填寫SWOT分析法的圖表？跟你們現在會怎麼填的方式比較看看。

波士頓矩陣

怎樣評估成本和效益

在一九七〇年代，波士頓顧問集團（Boston Consulting Group）開發了一套方法，以評估公司投資組合的投資價值。矩陣之中的四個領域分別代表四種不同的投資：

- **金牛**：金牛是指市佔率高，但成長率低的投資；這意味著成本不高，但投資報酬率很高。顧問的意見：擠出現金。
- **明星**：這類投資雖然市佔率和成長率都很高，但是為求成長會吞食掉資金。只能期待明星有朝一日會成為金牛。顧問的意見：投資。
- **問號**：問號，又稱為「問題兒童」（problem children），具備高成長的潛力，可是市佔率低。只要有（財力）資助和誘因引導，這類投資就能成為明星。顧問的意見：困難的抉擇。
- **狗**：這種業務單位在飽和的市場裡頭市佔率低；這種投資之所以存在，純粹是基於財務以外的原因（例如，虛榮或是幫朋友忙）。顧問的意見：清算。

投資時最危險的話便是「現在時機艱困」這句話。

——投資宗師約翰．鄧普頓爵士（Sir John Templeton）

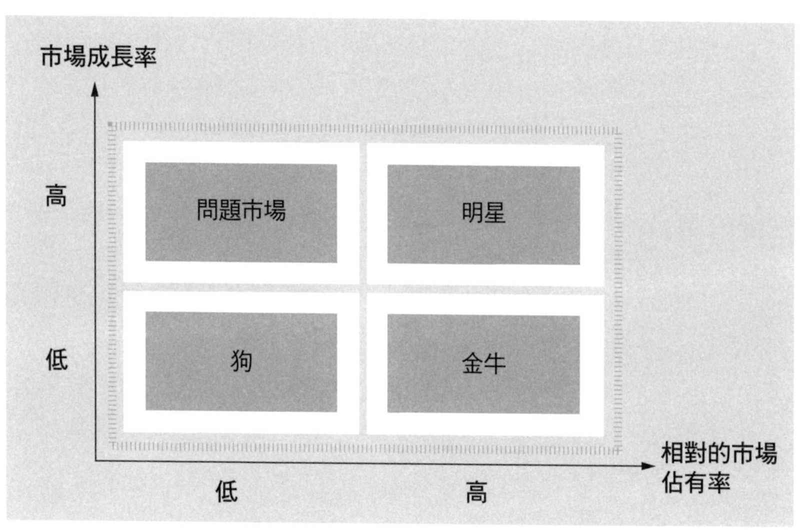

將你們的金融產品、投資，或是專案計畫填入矩陣之中。軸線分別表示成長潛力和市場佔有率。

專案投資組合矩陣

怎樣維繫和監督？

你們是否身兼許多專案計畫而疲於奔命？那你們就是所謂的「身兼數職族」（slasher）（/）。這個名詞是紐約作家瑪希・埃爾博爾（Marci Alboher）所創，這是形容那些在面對「你以什麼維生？」這個問題時說不出單一答案的族群。

假設你是教師／音樂家／網站設計人員。這樣的組合聽起來或許很精彩，可是你要怎樣才能悠遊於各項專案計畫之間？怎樣才能確保有穩定的收入進帳？

各位可根據成本和時間的專案投資組合矩陣（參考模型），把目前從事的專案計畫區分為工作相關和私人領域。除了金錢的成本之外，也要考慮到朋友的人脈、耗費的心力和心理承受的壓力。

成本和時間只是兩個例子而已。你們可以自身處境之中任何相關的指標來衡量，譬如，x軸可以是「我的專案計畫對我達成最終目標有何助益？」，y軸則可以是「我從這項專案計畫學到什麼？」。現在把你的專案計畫根據「達成的目標」和「學到的程度」來進行衡量。

怎樣解讀分析的結果

- 如果這項專案計畫無助於你們的學習，和最終的目標也沒有關係，那就可以排除。

- 如果這項專案有可以學習的地方，可是和你的願景並沒有關係，所以雖然有趣，但無助於最終目標的達成。那麼試著改變這項專案，讓它可以對你的願景產生助益。
- 如果專案和你的願景相符，可是你學不到什麼新東西，那麼可請別人來執行。
- 如果你們有東西可以學，又可以實現願景，那就是中到大獎了！

對於大多數人而言，最大的風險不在於設定的目標過高、難以達成；而是設定的目標過低，而且還達成了。

——米開朗基羅（Michelangelo）

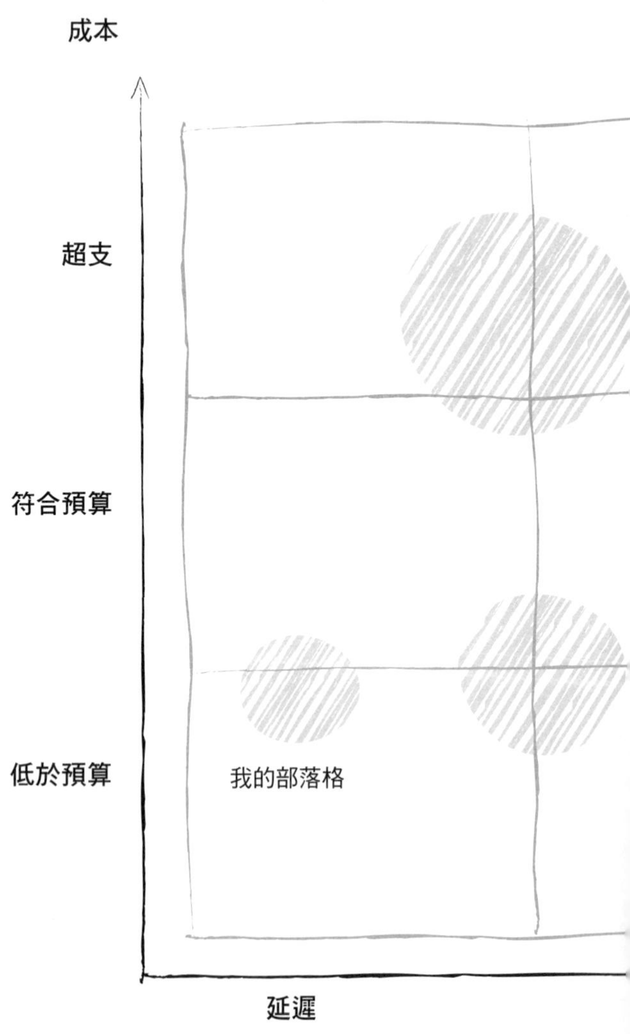

根據這個矩陣分析你們目前的專案計畫：符合預算和時限嗎？

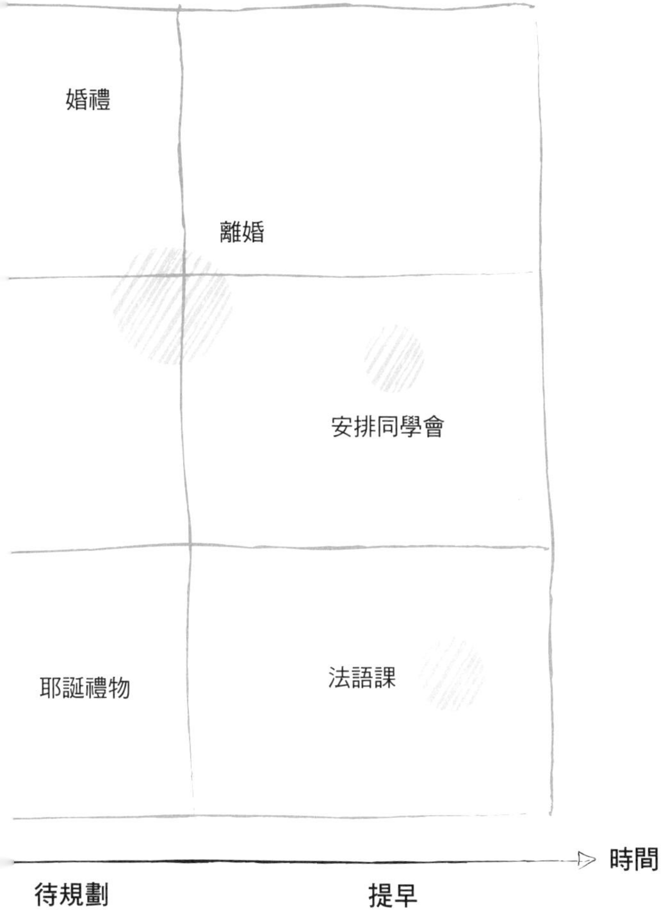

婚禮

離婚

安排同學會

耶誕禮物

法語課

時間

待規劃

提早

惠特默模型

我追求的目標正確嗎？

如果你們自行設定目標，那麼得將最終目標（final goals）和表現目標（performance goals）加以區分。最終目標可能是「我想跑馬拉松」，而表現目標則有助於你達到這個終極目標，例如，「我每天早上跑步三十分鐘」。

在一張紙上寫下你的目標，然後逐步地檢討，這個目標跟模型所列的十四個條件是否具備相關性。

幾個要注意的重點是：如果是不可能達成的目標，那麼就沒有希望；如果沒有挑戰性，那麼對你就沒有激勵作用。如果這十四個步驟對你而言過於複雜，那麼在設定目標的時候，請把以下這個基本原則謹記在心：

愈簡單愈好的KISS原則 ——保持簡單、 愚蠢 （Keep It Simple, Stupid!）！

每件事應該盡可能地簡單化，但也不能過度簡單。

——愛因斯坦（Albert Einstein）

➥另請參考：沉浸模型（48頁）

S	具體 specific	正確的目標		C	挑戰 challenging
M	衡量 measurable	P	正面的陳述 positively stated	L	合法 legal
A	可達成的 attainable	U	了解的 understood	E	環保的 environmentally sound
R	務實的 realistic	R	相關的 relevant	A	認同的 agreed
T	時間階段 time phased	E	道德的 ethical	R	有紀錄的 recorded

你們一旦設定目標，就要檢討是否吻合這十四個條件。

橡皮筋模型

兩難的情況該怎麼處理？

這是你熟悉的情況嗎？某個朋友、同事或是客戶面對未來可能不容反悔的抉擇：譬如，轉換事業的跑道、搬到另外一個城市，或是提早退休。贊成和反對的主張勢均力敵。你要怎樣才能幫助他們擺脱這種兩難的局面？

根據橡皮筋模型，請對方問自己這幾個問題：有什麼事情令我裹足不前？又有什麼力量牽引我向前？

乍看之下，這個方法似乎是這個傳統問題單純的延伸：「優點是什麼？缺點又是什麼？」但其中的差異在於：「有什麼事情令我裹足不前？又有什麼力量牽引我向前？」屬於正面的問題，所反映的情境之中，兩個選擇都很有吸引力。

任何決定一旦做出，隨之而來的便是平靜；即使做出的是錯誤的決定也不例外。

——美國社運人士作家麗塔・梅・布朗（Rita Mae Brown）

➥另請參考：SWOT分析（14頁）

如果你得在兩個都很好的選擇之間做出抉擇，問問自己有什麼牽絆和牽引。

回饋模型

處理他人的抱怨和批評

意見回饋是在團體之中最困難、也是最敏感的流程之一。批評的話語很容易就會刺傷人，可是虛假的稱讚也無濟於事。稱讚通常會讓我們流於自滿，批評的話則會傷害自尊，而且可能使得我們做出不智的抉擇。

所以，「你覺得什麼好、什麼不好？」這樣泛泛的問題未必有幫助。若說意見回饋有什麼可以學習的地方，最好問問自己可以怎樣運用這個批評？換句話說，也就是思索什麼可以維持現狀，什麼需要加以改變（不過在此之前，這些或許都平靜無波）。

重點不光是找出不盡理想之處，同時也是判斷要不要以及怎樣加以反應。透過這個模型，你們可將得到的意見回饋分門別類，以便明確地建立行動方案。

誠實面對這個問題也很重要：哪些成功或是失敗的經驗其實是運氣使然？你贏得比賽純粹是因為球剛好掉到網子裡頭嗎？你真的值得這樣的稱讚嗎？

謹慎所思，因為這將化為文字。
謹慎所言，因為這將化為行動。
謹慎所行，因為這將化為習慣。
謹慎所習，因為這將化為性格。
性格亦當謹慎，因為這將成為你們的命運。
——摘自猶太法典《塔木德》（*Talmud*）

	⊖	⊕
⊕	我覺得很好，不過還是需要改變！ **忠告**	我覺得很好，未來可以保持現狀！ **稱讚**
⊖	我覺得不好，這需要改變！ **批評**	我覺得不好，不過我可以忍受！ **建議**

根據這個矩陣，將你得到的意見回饋加以區分。你想要聽從什麼建議？哪些批評會讓你採取行動？哪些建議是可以忽略的？

家庭樹模型

你們應該維繫的人脈

這個模型依據的前提是，人類基本上都是社會性的、互動的生物。品牌忠誠度可以說是一個人對於品牌或產品的依存度，以及此人想告訴他人對這個品牌的渴望。傳統判斷品牌忠誠度的模型通常被用來合理化支出（這些支出通常沒有經過深思熟慮），或合理化已經做出的決定，而不是用來客觀地評估策略。

有個比較簡單、有建設性的方法，可作為判斷品牌忠誠度的起點，那就是了解顧客對你們產品的看法。在這個模型之下，只需問顧客一個問題，而不是請他們回覆複雜的問卷：誰對你推薦這個產品？以及你會對誰推薦？根據顧客的回答，可以將受訪者歸納出三大類：推廣者（promoters）、被動滿意的顧客（passive satisfied customers）以及批評者（critics）。推廣者相對於批評者的比率就是成功的指標。

將客戶或是投資組合的結構畫出家庭樹的形狀。這樣一來，你們便可看出客戶是怎樣或是透過誰而成為客戶。

協助解讀

你畫的家庭樹愈多，表示你的顧客結構或是投資組合就愈多元。樹枝的分枝愈多就愈需要維護。這代表了過度集中以及易於斷裂的風險。

你沒有顧客嗎？那麼想想看親朋好友的人脈圈，這是怎麼形成的？大多數朋友都是透過誰認識的？你跟這個人還是朋友嗎？

➥另請參考：人脈網路目標模型（80頁）

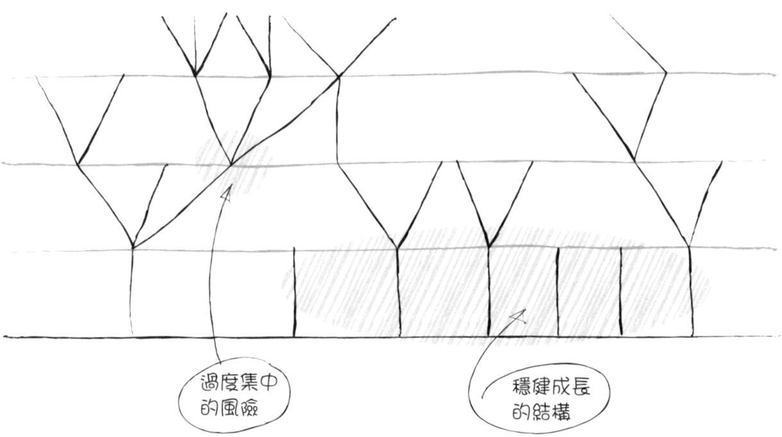

畫出親朋好友的家庭樹：你是透過誰認識你的朋友？或是為你的客戶畫出家庭樹：大多數的客戶是透過誰得到的？

型態分析盒與奔馳創意法

為什麼需有結構才能發揮創意

創新或許意味著從事一些嶄新的工作，不過這也可能表示重新組合既有的事物，但要怎麼做呢？

型態分析的概念來自於生物結構和配置的研究。在一九三〇年代，加州理工學院的瑞士物理學家費茲（Fritz Zwicky）以他所稱的型態分析盒（Morphological Box），開發了一種解決問題的方法──這種方法是結合各種既有個體的屬性，從而開發出新的個體。費茲起初把這個方法應用於噴射機引擎技術上，後來也開始應用在行銷策略和新點子的開發上頭。

運作方式

以新車的開發工作為例，要明列所有相關參數（例如汽車的類型、目標族群），並盡可能地描述每個參數的特質。這需要專長以及想像力的配合，因為目標是從已經存在的事物之中開發出嶄新的東西。以這個例子來說，結果是產生一個雙層面的表格（不過型態分析盒可多達四個層面）。

接下來的步驟需要進行腦力激盪：譬如，這輛車必須是休旅車，不過也須具備能源效率，而且製造成本不貴。哪些屬性符合這些條件？把你們所選的屬性用一條直線連結起來。這個新的屬性配置可作為你們評估理想車款的基礎。

除了型態分析盒之外，艾勃爾（Bob Eberle）開發的奔馳創意法（SCAMPER）檢查表，也有助於各位讀者重新配置既有的點子或產品。以下這七項關鍵問題源於廣告公司BBDO創辦人歐斯本（Alex Osborn）開發的問卷之中。

- **替代性（Substitute）？**可以替代的人物、元件、原料。
- **結合（Combine）？**結合其他的功能或是事物。
- **調整（Adapt）？** 更改功能或外觀。
- **改造（Modify）？**修改尺寸、形狀、質地或是音質。
- **作為其他用途 （Put to other use）？**其他、新的、合併的用途。
- **除去（Eliminate）？**減少、簡化、刪除任何多餘之處。
- **反轉（Reverse）？** 反向、反轉運用。

重點不見得是了解什麼是沒有人看過，而是思索還沒有人想過哪些是每個人都看過的。

——叔本華（Arthur Schopenhauer）

➥另請參考：跳脫框架思維（92頁）

參數＼配置	配置1	配置2
設計（外觀）	積極	有稜角的
性能，引擎	汽油 100–200 hp	汽油 200–300 hp
座椅／車廂	2	4
車輛種類	禮車	小巴
型態	自信	酷炫
特性，行銷資產	DVD播放機 （和百事達合作）	和網路商店的音樂下載服務結合
目標族群	高資產人士	頂客族

配置3	配置4	配置5	配置6
長	流線型	跑車款	運動型
油	油電混用	氫氣車	電動車
	6	6+	6+ 包括可完全平躺的椅背
旅車	旅行車型	雙人座敞篷車	小型卡車
善	痞子風	法式	美式
車改裝憑證	和國家鐵路公司合作以建立城際服務	每年隨選新的烤漆	冰箱，甚至廚房
往積極向上人	樂活族	富有退休人士	樸素奢華

君子送禮模型

花多少錢送禮？

送禮有時候是個地雷。如果送廉價、不具個人特質的禮物，可能會讓收禮者覺得不受重視，進而讓送禮者和收禮者雙雙陷入尷尬的場面。這個由《君子》雜誌（*Esquire*）建立的小模型有兩個軸要考慮：

- 你跟送禮對象已經認識多久了？
- 你應該花多少錢送禮？

兩個經驗法則

寧可大方也別搞難堪（別被「實在沒有必要」這句話給騙了）。

將心比心，買你自己也樂於收下的禮物。

我的品味再簡單不過，最美好的事物絕對能滿足我。

——王爾德（Oscar Wilde）

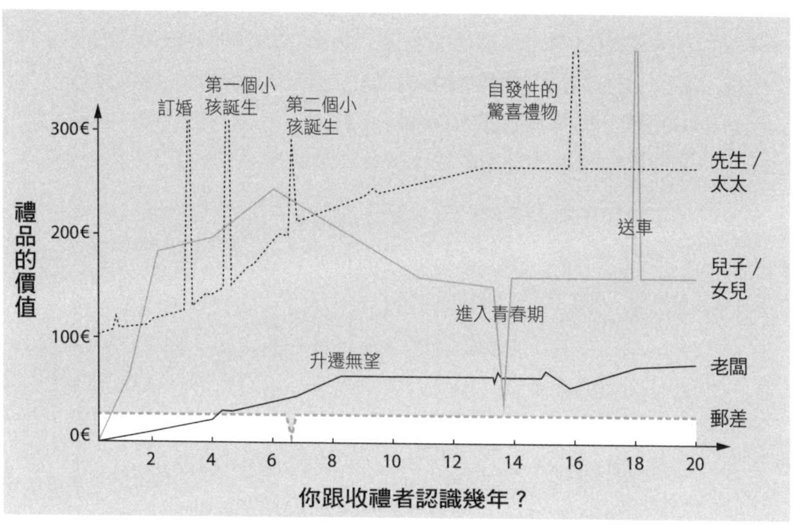

這個模型顯示你應該送禮的對象、時機，以及禮物的價值。你送過／收過最有價值的禮物是什麼？

後果模型

當機立斷為什麼很重要？

我們經常得在資訊有限而且模糊的情況下做出決定。譬如，專案開始之初還沒有什麼明確的細節，我們就得勇於大膽決策——尤其是因為這些初期決策的影響最為深遠。專案進入尾聲時，雖然我們已有深入的了解，也沒有什麼疑慮，可是這時候也沒有什麼關鍵決策需要決定的了。

所以最重要的問題在於，我們怎樣才能彌補懷疑和決定之間的隔閡。

請注意！我們之所以遲遲無法做出決定，通常是因為心中存有疑慮。不過，不做出決定本身就是一個決定。如果你對決議一直不做出定奪，那麼這通常是因為潛意識裡已做出不溝通的決定。這會使得團隊內部人員陷入不確定感。所以如果你想過些時候再做出決定，務必要明確地和大家溝通。

丹麥組織理論學家克瑞勒（Kristian Kreiner）以及克里斯森（Søren Christensen）鼓勵我們要有勇氣，資訊再少也要大膽做出決定。

我寧可做過再後悔，也不要對沒去做的事情感到遺憾。

——露西爾・鮑爾（Lucille Ball）

➥另請參考：艾森豪矩陣（12頁）

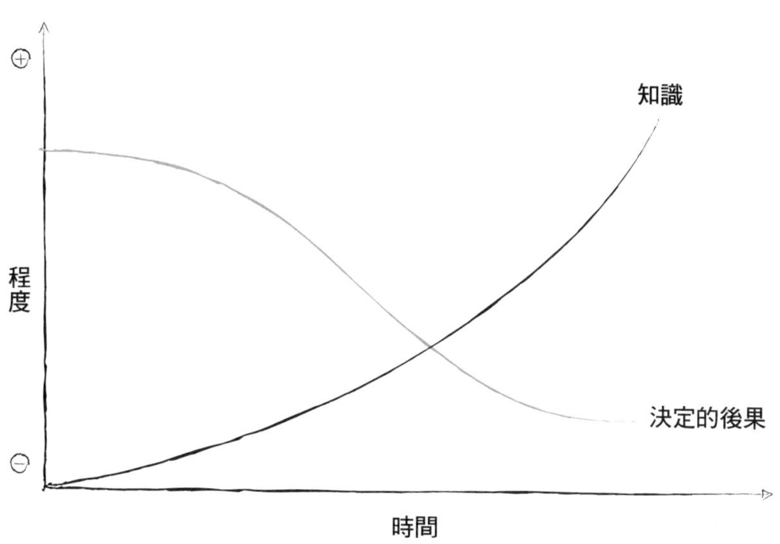

這個模型顯示，你的決定跟本身知識相關的程度。

化解衝突模型

怎樣才能漂亮地化解衝突？

心理學家都認同，衝突是必須處理的，以避免僵持不下和交相指責的局面，以及恢復穩定和溝通。問題是，衝突要怎麼處理？原則上，處理衝突的方式可以分為六種：逃避、對抗、放棄、推卸責任、妥協或是達成共識。

1. **逃避**：逃避跟推諉相同。衝突沒有化解，結果還是同樣的局面。可以想見的是，這對任何一方都沒有好處。這是雙輸的局面。

2. **對抗**：有些人會以具攻擊性的態度來處理衝突，他們只有一個目標：那就是要贏。不過光是勝利本身還不夠，因為別人也得輸才行。這種處理方式的重點在於征服對手，以及在面對抵抗的力量時，依然堅守本身的立場。這種處理方式的結果是「我贏、你輸」（win-lose）的局面。

3. **放棄**：面對衝突的時候會棄守本身立場的人，是透過撤退來解決問題，也就是他們輸。結果是「我輸、你贏」（lose-win）的局面。

4. **推卸責任**：有些人面對衝突會覺得不知所措，通常會把決定權──以及隨之而來的衝突──拱手讓給另外一個權威人士（通常更具權力）來取決。這些權威人士固然幫他們化解了衝突，但是處理的手法未必高明，也未必最符合託付者的利益。這可能會造成衝突「雙輸」（lose–lose）的風險 。

5. **妥協：** 端視怎麼看，妥協是雙方都能接受的解決方案。一般認為，這個解決方案就算不盡理想，在贏一輸／贏一輸的情況下還算合理。

6. **達成共識：**雙方基於共同擬定的新的解決方案達成共識。相對於妥協，這是雙贏的局面，因為沒有任何一方需要退讓。而是雙方共同擬定「第三個方案」。

我們的失敗並非來自於挫敗，而是肇因於沒有參與的衝突。

——瑞士伯恩某青少年中心牆上的塗鴉

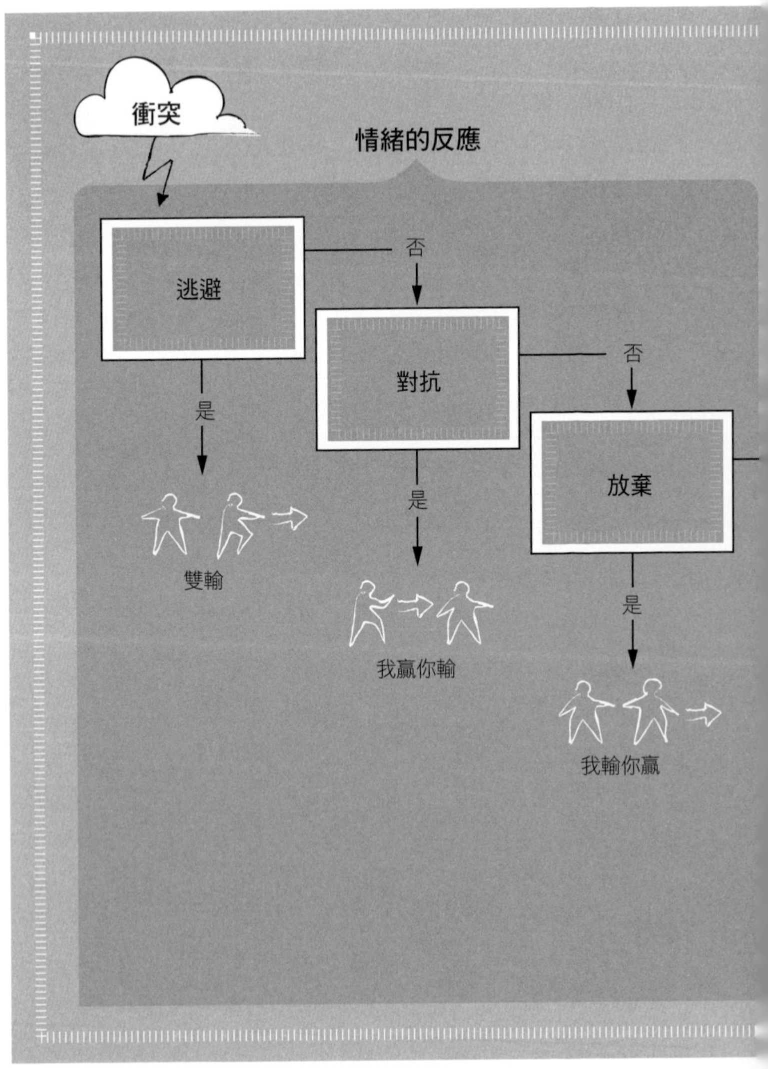

這個模型顯示對於衝突的六種典型反應。你是屬於哪一種？你的對手又是哪一種？

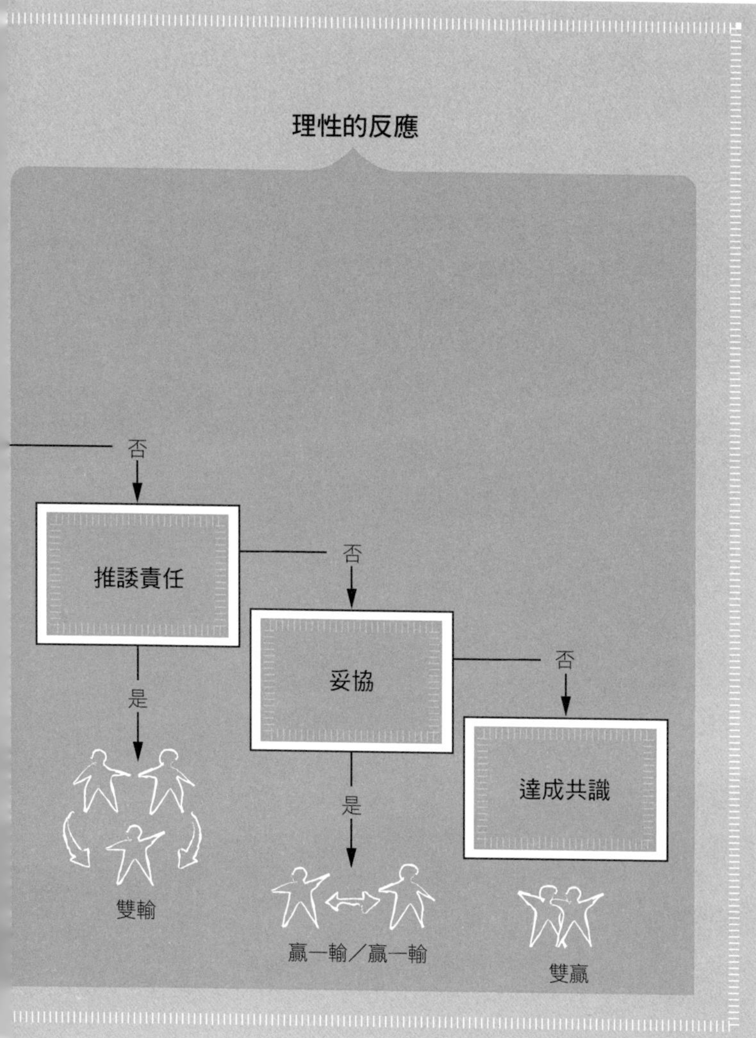
理性的反應
否
推諉責任
否
是
妥協
否
是
達成共識
雙輸
贏—輸／贏—輸
雙贏

十字路口模型

接下來呢？

我們的人生當中，都曾經站在十字路口，問自己現在該何去何從？十字路口模型的靈感來自於舊金山葛洛夫顧問公司（The Grove）開發的「個人羅盤」（The Personal Compass），可協助各位釐清人生的方向。請根據以下的問題填入這個模型的空格：

你的來時路？

你怎樣來到現在的處境？你的人生當中曾經面臨什麼重要的抉擇、事件和阻礙？你主要是受誰的影響？想想看你所受的教育、家庭、生長的地方，並將你覺得重要的關鍵字記錄下來。

什麼事情對你是真正重要的？

將腦海之中最先浮現的三件事情寫下來。紀錄不用詳細或是具體。你具有什麼樣的價值觀？你相信什麼？你重視哪些原則？當一切都分崩離析時，剩下來的是什麼？

哪些人對你很重要？

在此你們要想的是，自己重視哪些人的意見？你們的決定是受到誰的影響？以及你們的決定會影響到誰？也要想想你們喜歡和懼怕的人。

哪些事情會對你造成阻礙？

你的人生當中，哪些層面讓你無法思考真正重要的事情？你的腦海當中有哪些該在時限之前完成的事情？哪些阻礙讓你裹足不前？你得做些什麼？什麼時候？

你在怕什麼？

請列舉讓你擔憂、讓你洩氣的事情、情況或是人物。

看看你的紀錄。漏掉了些什麼？浮現了哪些議題？ 你寫下來的關鍵字是否透露今日處境的來時路？如果必要的話，請寫下更多的關鍵字和問題。現在看看眼前的路。請想想以下這六個例子：

1. 在前方召喚的道路：你一直想要嘗試什麼？
2. 我最狂野的夢想，不論是否能夠成就與否——你的夢想是什麼？
3. 對我而言似乎最有道理的道路；那些我重視意見的人物會建議我走這條路。
4. 一條前人不曾走過的路：一條你以往從來不曾考慮過的路。
5. 一條我已經走過的路。
6. 一條回頭路，回到你覺得安心的地方。

你來決定。

你上一次去做從來不曾做過的事情是什麼時候？

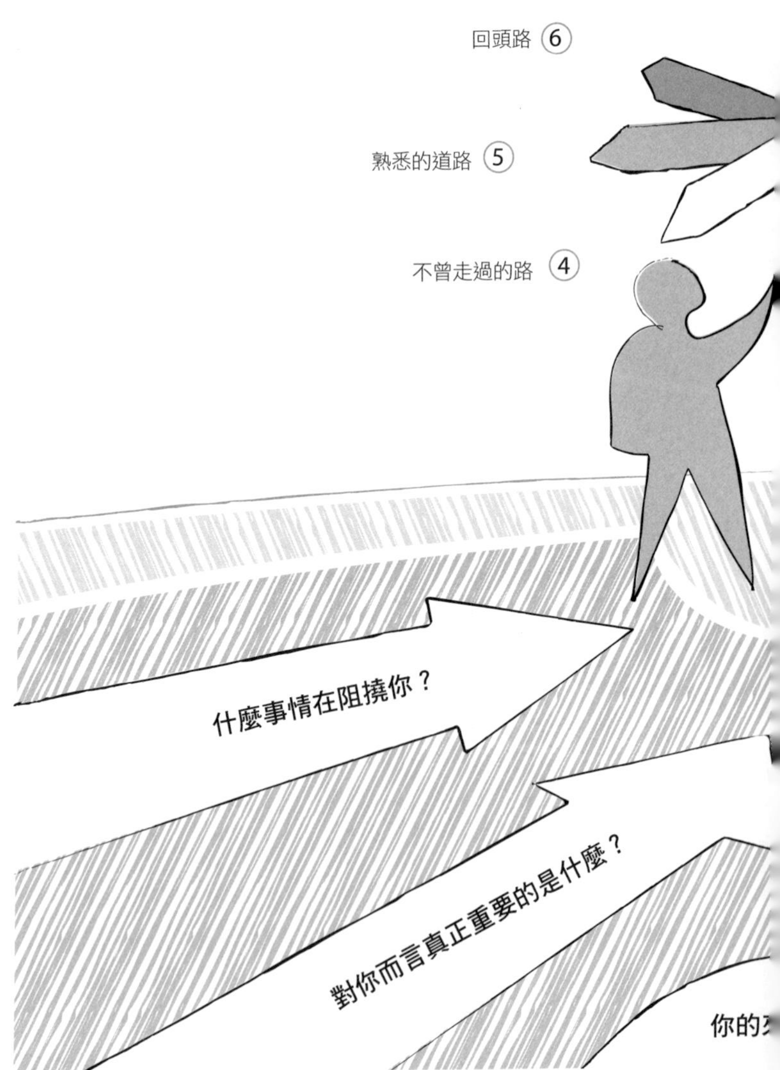

請自行回答這些問題，或是和一位好朋友一起做；然後想想看自己可能走的道路。

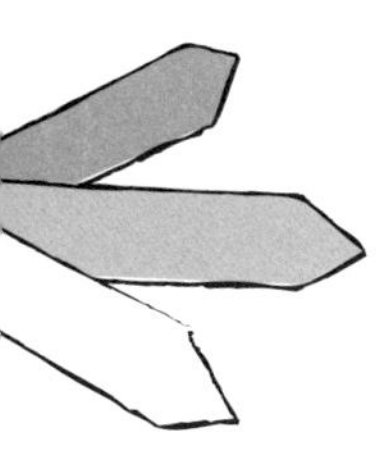

① 在前方召喚的道路

② 夢想的道路

③ 理所當然的道路

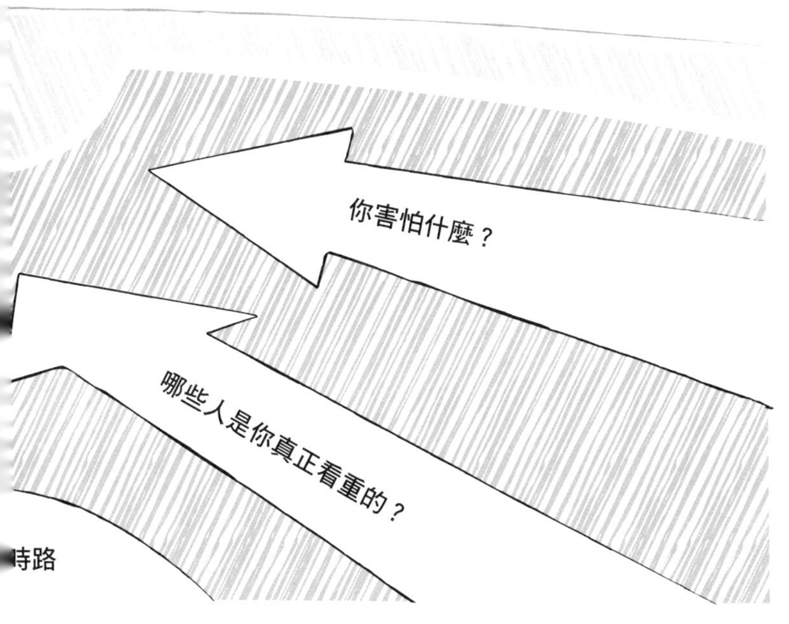

如何更加了解自己

沉浸模型

什麼會讓你快樂？

兩千多年前，亞里斯多德（Aristotle）提出這樣一個大家或多或少都懂的道理：人們最想要的是「快樂」。在一九六一年，美國心理學家齊克森米哈里（Mihaly Csikszentmihalyi）寫道：「人們對快樂的追求是為了快樂本身，不過對於其他所有的目標──像是健康、金錢，或是權力，卻是只有在我們認為會讓自身快樂時才會受到重視。」齊克森米哈里為感到快樂的境界想出一個名詞來形容，他將此稱為「全心沉浸的心流」（flow）。不過我們什麼時候才會進入沉浸的「心流」？

他訪問過一千多人什麼事情會讓他們快樂之後，發現所有的回覆都有五個共同點。快樂，或稱「心流」、「沉浸」，是當我們在以下情況時產生的：

- 密切地專注於某件活動，
- 這些活動是我們自己的選擇，
- 既不會挑戰性不夠（悶爆），也不會挑戰性過高（過勞），而且具備……
- 明確的目標，並且得到
- 立即的回饋。

齊克森米哈里發現，置身於「沉浸心流」境界的人們不但會感到深刻的滿足，也會無視於時間的流逝，而且因為全神貫注於手中的工作而徹底忘了自己。音樂家、運動家、演員、醫師和藝術家都說，當他們沉浸於往往會讓人筋疲力盡的工作時，反倒是他們最快樂的時候——徹底顛覆一般人認為一定要放輕鬆才能快樂的想法。

你為什麼不能快樂？

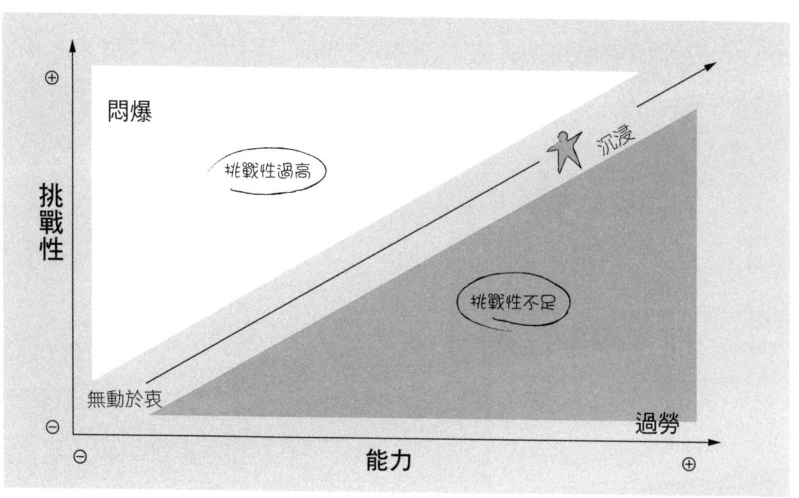

這個模型有兩軸：挑戰性的程度，以及你們能力的高下。在圖形上，寫下你先前三次面臨的挑戰，以及你對這些挑戰的感想。

喬哈里窗

別人對你的風評如何？

我們無法「掌握」本身的性格，但是我們可以了解自己的個性當中，哪些是對外界顯露出來的部分。喬哈里窗（Johari Window）（「喬哈里窗」這個名詞取自發明者魯夫特〔Joseph Luft〕與英格漢〔Harry Ingham〕名字的第一個音節）是描述人類互動最有意思的模型之一。這個模型以四格「窗」把個人意識區分為四個類型：

A. 這一格代表的是，我們自己知道、而且喜歡對他人談述的特質和經驗。

B. 這個 「隱藏」的部分說的是，我們自己知道、但是選擇不對他人透露的事情。這個部分的規模會隨著我們和他人建立的信賴關係增長而遞減。

C. 有些事情是我們不自知，但是別人卻可以看得很清楚的。而且，有些事情我們自以為表達得很清楚了，但別人卻會以完全不同的方式來解讀。在這個部分，意見回饋或許可以啟發人心，但也可能造成傷害。

D. 我們都有些層面是不自知、甚至也不為人知的。我們複雜和多面向的程度超過了自己的想像。我們的潛意識裡頭，三不五時會有一些不為人知的感受浮上心頭──譬如在夢境之中。

選擇一些你覺得對你描寫得很貼切的形容詞 （有趣、不可靠，等等）。然後讓其他人（朋友、同事） 選擇可以描述你的形容詞。接著在適當的窗格中 入這些形容詞。

請試著和你們的伴侶一塊做這個練習。你的伴侶有沒有什麼事情是你但願自己從來不曾發現的？你又有什麼層面是你但願不自知的？

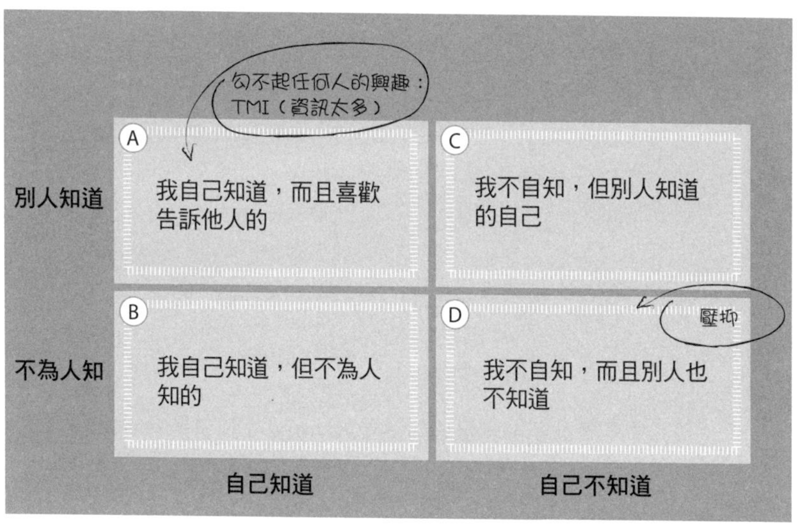

在別人眼裡的你，別人知道但你不自知的是什麼？喬哈里窗提供的是個人意識的窗口。

認知失調理論模型

人們為什麼明知吸菸不利健康還是照抽不誤？

我們所想和所做的事情之間往往存有很大的差距：當我們做出自己明知不道德、錯誤或是愚蠢的事情時，會覺得良心不安。這就是心理學家費斯汀格（Leon Festinger）所謂的「認知失調」（cognitive dissonance），這個名詞是形容當我們的行動違反本身信念時，心中的狀態——例如，即使我們譴責對孩童施以暴力，可是自己卻會打小孩。

不過，我們為什麼會這麼難以承認自己的錯誤？當別人質問我們本身行為的缺失時，為什麼我們不惜為自己辯護，而不是請求原諒？自我辯護（self-justification）是人類最不討人喜歡的一種屬性。這是一種保護機制，好讓我們晚上還睡得著覺，心中也不會有自我懷疑。我們只會看到自己想要看的事情，只要是有違本身觀點的事情，一律視而不見。我們要的是有助於我們站穩立場的論點。

可是我們怎樣才能克服這樣的矛盾？這可從本身的行為或是態度著手。

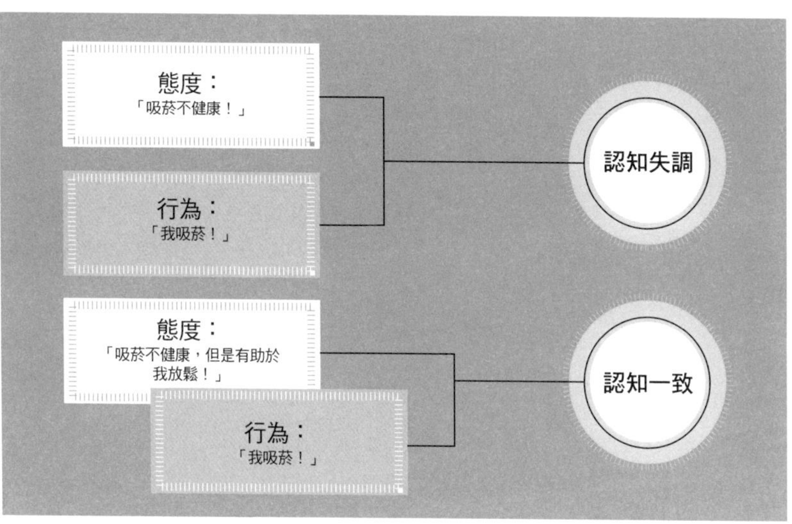

你們上一次意識到自己「認知失調」是什麼時候？你的伴侶則是什麼時候有這樣的意識？

音樂矩陣

你的音樂品味將可用來詮釋你

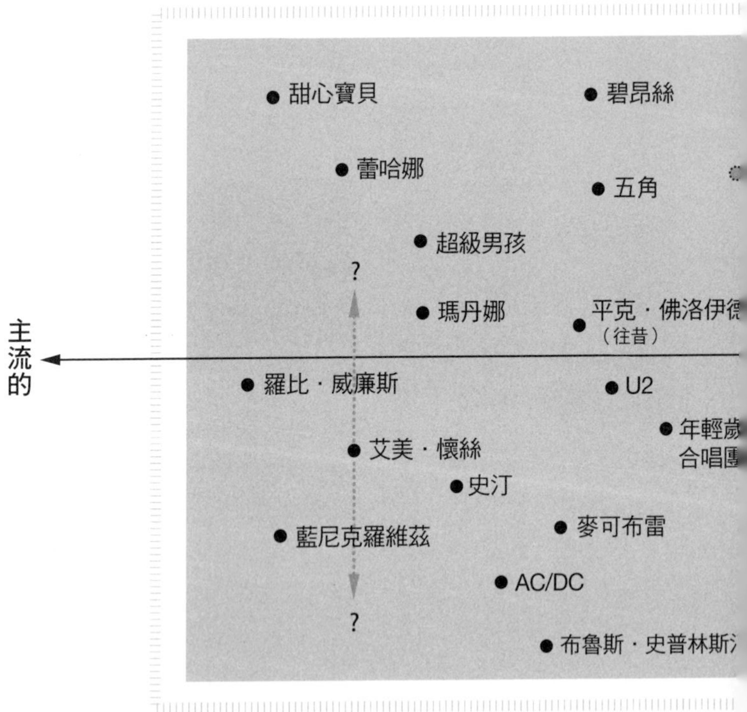

請把你最喜愛的團體填入上圖之中。

計的

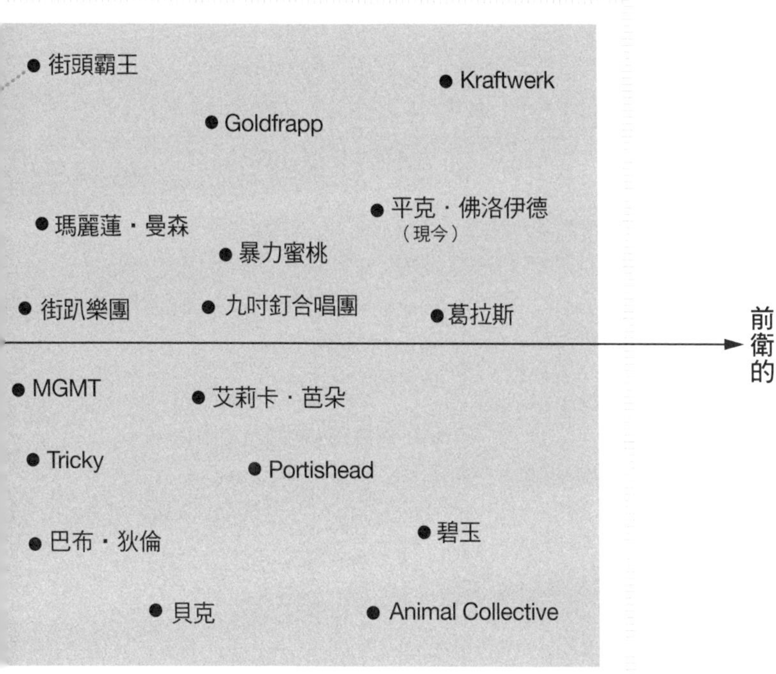
街頭霸王
Kraftwerk
Goldfrapp
平克・佛洛伊德
（現今）
瑪麗蓮・曼森
暴力蜜桃
街趴樂團
九吋釘合唱團
葛拉斯
前衛的
MGMT
艾莉卡・芭朵
Tricky
Portishead
碧玉
巴布・狄倫
貝克
Animal Collective

唱

匪夷所思的模型

什麼是你們深信不疑、但又無力證明的事物？

模型解說的是萬事萬物是怎樣息息相關的、我們應該怎麼做，以及什麼是該做、什麼又是不該做的。不過我們會因此看不清事情的真實面貌嗎？

早在十八世紀，亞當・斯密（Adam Smith）便已對過度沉迷抽象的體系提出警告，兩個世紀以後，愛因斯坦體認到，模型和「邏輯」系統其實到頭來是信不信的問題，而他也因此得到諾貝爾獎。科學歷史學家和哲學家孔恩（Thomas Kuhn）主張，科學通常只是為求確認模型，而且在模型不符合現實時視而不見——往往都是如此。這番主張或許沒有為他贏得一座諾貝爾獎，但還是讓他爭取到某所精英大學的教授職位。

我們對於闡述現實狀態的模型往往深信不疑。孔恩哲理之中探索上帝存在與否的本體論證明，就是一個很好的例子。他主張說，我們既能想像自己跟上帝一樣完美，那麼上帝一定是存在的。我們盲目接受反映「現實」模型的例子在日常生活之中歷歷可見：例如，若有人說人類充滿了貪婪和自我，那麼這種行為說不定會擴散到世界各地，而且人們會（不自覺地）模仿。

我厭惡現實世界，可是也只有這裡吃得到最好吃的牛排。

——伍迪・艾倫（Woody Allen）

➥另請參考：黑盒子模型（118頁）、下一個頂尖的模型 （148頁）

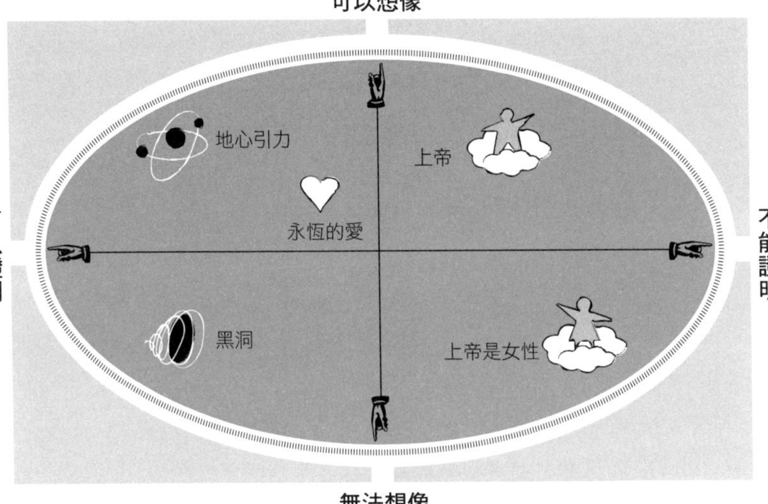

什麼是你雖然不瞭解證據，卻還是深信不疑的？什麼是你雖然沒有證據，卻還是深信不疑的？

烏夫．艾爾拜克模型

怎樣了解自我

如果你們想對自己和對他人建立普遍的看法，那麼丹麥文化部長烏夫．艾爾拜克（Uffe Elbæk）的公共意見指標，便是一個很好的起點。這套模型會透露出行為的特質和傾向。

你們應該記住，以下這四種觀點絕對會對你們造成影響：

- 你怎麼看待自己
- 你想要怎麼看待自己
- 他人怎麼看你
- 他人想要怎麼看你

接下來請這樣做

- 不要多加思索，對以下問題從一分到十分進行評估：你合群的程度如何，以及你抱持個人主義的程度如何？你們比較注意內容還是形式？你們比較重視什麼：身體還是腦袋？你們是否覺得比較全球化而不是本土化？請拿一支筆把這些線連起來。

- 現在拿另外一支彩色筆，根據你希望怎樣看待自己，標示上述這些問題的程度。

- 界定自己的軸線（富裕—貧窮、快樂—悲傷、外向—內向）。

請注意！你們描述的只是大概的情況。而且軸線的總合一定是十（你們不能本土這一項標個十分，可是全球化也標十分）。

什麼事情讓你受到牽制無法達成理想？

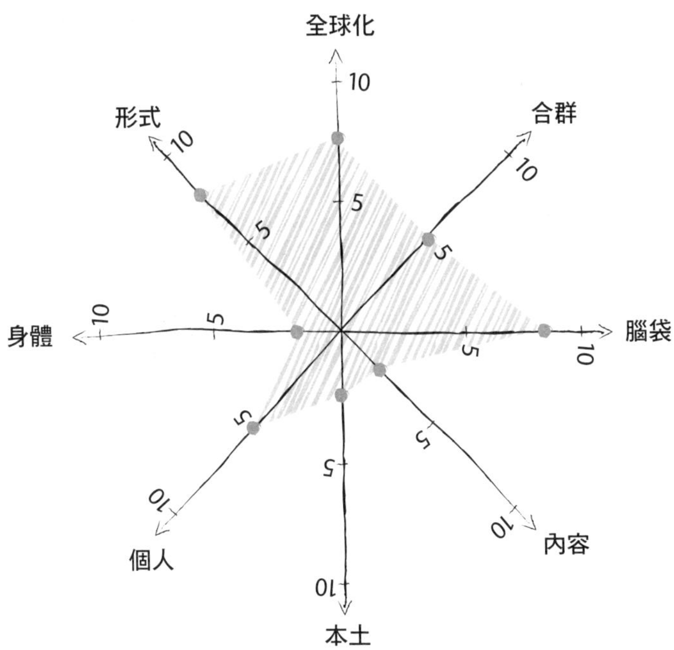

根據自己對自己的看法填寫這個模型，接著請你的伴侶或好友為你填寫。
比較結果的異同。

時尚模型

我們怎樣打扮

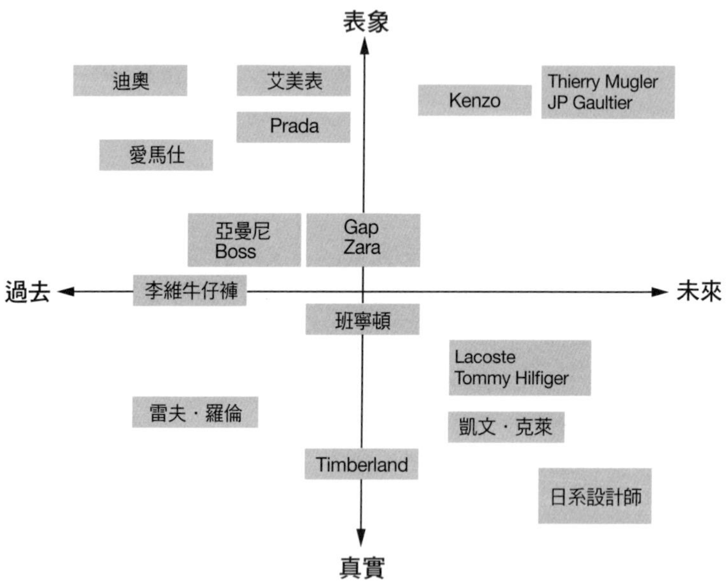

作家索米耶（Eric Sommier）透過知名服裝品牌創造了這個時尚模型。

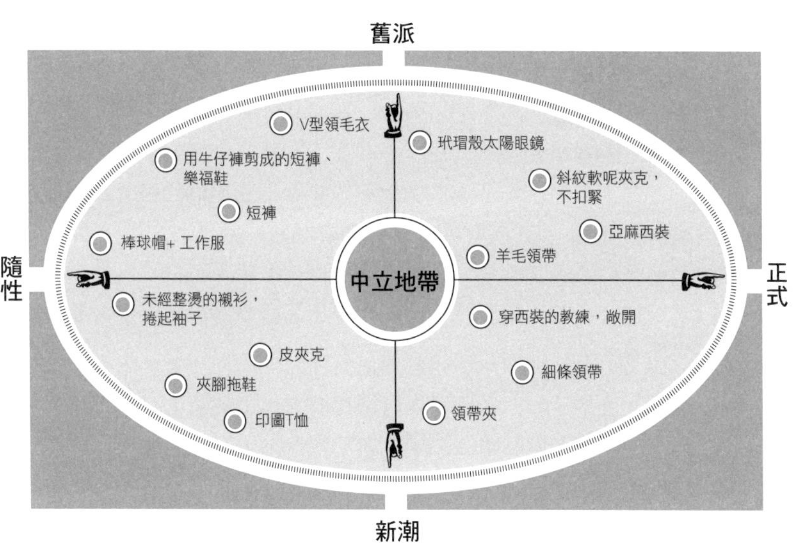
舊派
隨性
正式
新潮
中立地帶
V型領毛衣
玳瑁殼太陽眼鏡
用牛仔褲剪成的短褲、
樂福鞋
斜紋軟呢夾克，
不扣緊
短褲
亞麻西裝
棒球帽+ 工作服
羊毛領帶
未經整燙的襯衫，
捲起袖子
穿西裝的教練，敞開
皮夾克
細條領帶
夾腳拖鞋
領帶夾
印圖T恤

樸素盛裝的藝術。

能量模型

你活在當下嗎？

人們總是說，我們應該「活在當下」。可是要怎麼做呢？瑞士作家梅西耶（Pascal Mercier）這麼寫道：「在深信掌握精華的信念之下，專注於此時此刻其實是錯誤的、而且沒有意義的暴力行為。真正重要的是，在我們所處的內心時空之中，帶著適度的幽默感和憂傷，篤定、冷靜地悠遊其中。」這兒有個非批判性的問題：你花多少時間思考過去？花多少時間思索此時此刻？以及多少時間花在對未來的思考上？還是換句話說，你們多常思考（渴望地或是心懷感恩地）來時路？你們多常感覺到，自己確實專注於當下在從事的事情上？你們多常想像未來可能的景況，又多常對眼前的發展感到憂心？

那麼下邊顯示的三個例子也可以代表文化上的價值：在懷舊氣氛的歐洲，以回憶為主導；在「機會之國」的美國，以夢想為主導；以及在工業亞洲，以現實為主導。

你們無法改變過去；但是憂慮未來卻可能毀了現在。

➥另請參考：十字路口模型（42頁）

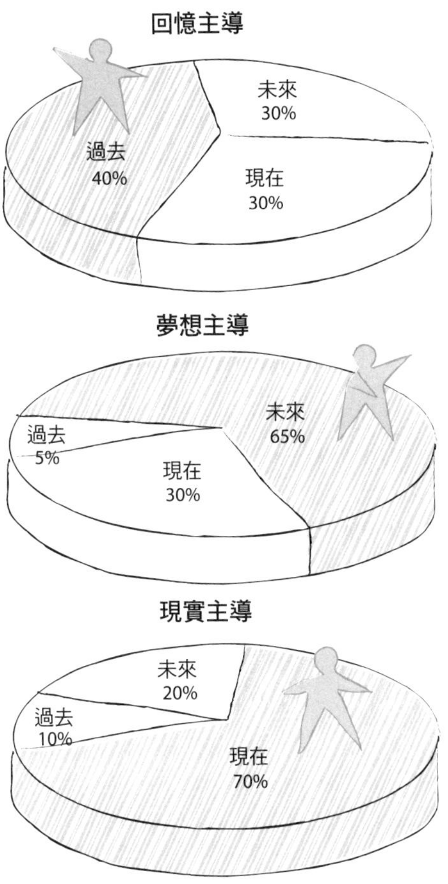

填入你們為過去、現在和未來花了多少時間。

超級備忘錄模型

怎樣牢記所有曾經學過的事物

長期的記憶有兩個元素：可擷取性（retrievability）以及穩定性（stability）。可擷取性決定我們記住某件事情的難易度，這要看這些資訊在我們腦海「漂浮」的地方距離意識層表面有多近。另外一方面，穩定性則是有關於資訊深植於我們腦海的程度。有些記憶雖然穩定度很高，但可擷取性卻很低。試著回想你舊的電話號碼——說不定想不起來。不過如果你們看到這個號碼就擺在眼前，則會立刻認出來。

想像自己正在學中文。你已經學到一個生字並背了下來。要是沒有練習的話，過了一段時間就會愈來愈難記得。徹底忘掉還要多少時間是算得出來的，在忘掉這個生字的過程當中，最好有人提醒你。你愈是經常受到提醒，記住這個字的時間就愈久。這個學習計畫就稱為「超級備忘錄」（SuperMemo），這是由波蘭研究員沃茲尼亞克（Piotr Woźniak）所開發的。

重點不是你知道什麼，而是你記得什麼。
——寇克斯（Jan Cox）

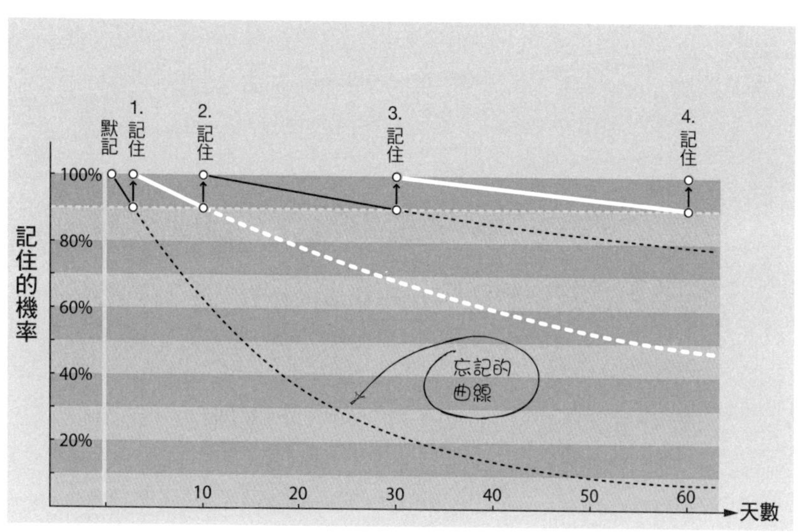

你們在學習過後，最好每隔一段時日就溫習一下：每隔一天、十天、三十天和六十天。

政治羅盤

政黨支持什麼理念？

我們雖然把政治分為「左派」和「右派」，不過這樣兩極的劃分法過於簡化，不足以描述當今複雜的政治局勢。傳統而言，在政治光圈的兩極——勞工黨和保守黨在經濟和社會政策方面靠得愈來愈近，到了沒有什麼明顯區分的地步。傳統的定義也可能會產生誤導。英國國家黨對於種族和國家主義的立場讓他們常被視為極端的右翼，可是在某些社會議題，像是健康和住宅方面，就算在工黨眼裡，也是高度偏左。

過去劃分政治立場的楚河漢界現在或許已經模糊，不過還是有模型可以衡量選民的觀點和態度。這些工具當中，最著名的一種稱為「政治羅盤」（political compass）。你們可根據這個模型劃分本身的政治立場，模型上的軸線分別為左派一右派、自由一威權。

需要注意的是，左－右的軸線並非傳統對於政治傾向的劃分，而是經濟政策：左= 國家主義，右 = 民營化。自由一威權的軸線則是指個人的權利：自由= 所有的權利都由個人掌握，威權= 國家對國民擁有高度的掌控權。

永遠都要激進，千萬別中規中矩。
——班雅明（Walter Benjamin）

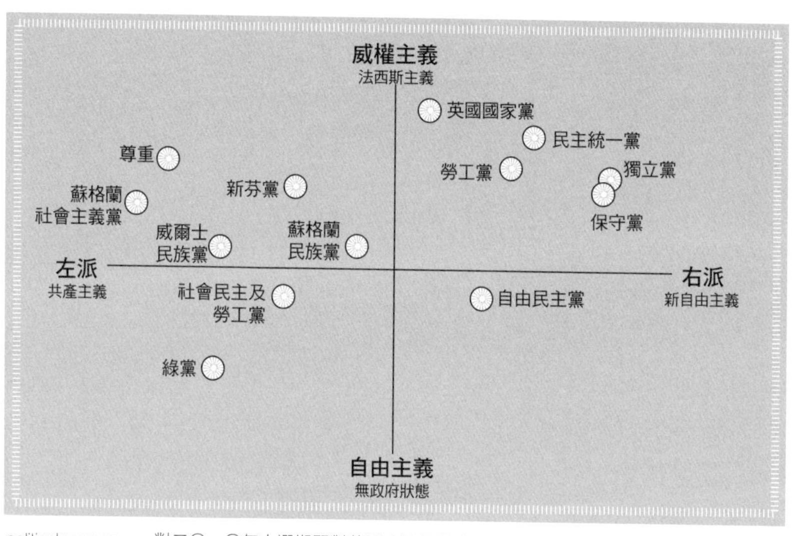

politicalcompass.org對二〇一〇年大選期間對英國政治局勢的分析。
問問自己站在什麼立場？十年前的你又是站在哪裡？

個人表現模型

怎麼知道自己是否應該轉換工作？

許多人對本身的工作都覺得不滿。可是對工作不滿的情緒要怎麼衡量？這個模型有助於評估本身工作的情況。

連續三個禮拜，每天晚上都要問問自己以下這三個問題，然後根據一分（完全不適用）到十分（完全適用）的分數，將你的回答插入這個模型之中：

- **必須**：目前的工作對我造成的負擔和要求的程度？
- **能夠**：我的工作和本身能力吻合的程度？
- **想要**：我目前的工作和我真正想要從事的工作之間，有多大的相關性？

經過三個禮拜之後，分析各種「風帆」的形狀。如果有在「移動」，那麼表示你們的工作具有多樣性。如果這個「風帆」形狀總是一樣，那麼請問問自己以下這些問題：

你想要什麼？
你能從事想要的工作嗎？
你能做些什麼？
你想要自己能夠勝任的工作嗎？

如果有什麼是你辦不到的，那就應該努力培養這樣的能力。

➥另請參考：沉浸模型（48頁）、橡皮筋模型（24頁）

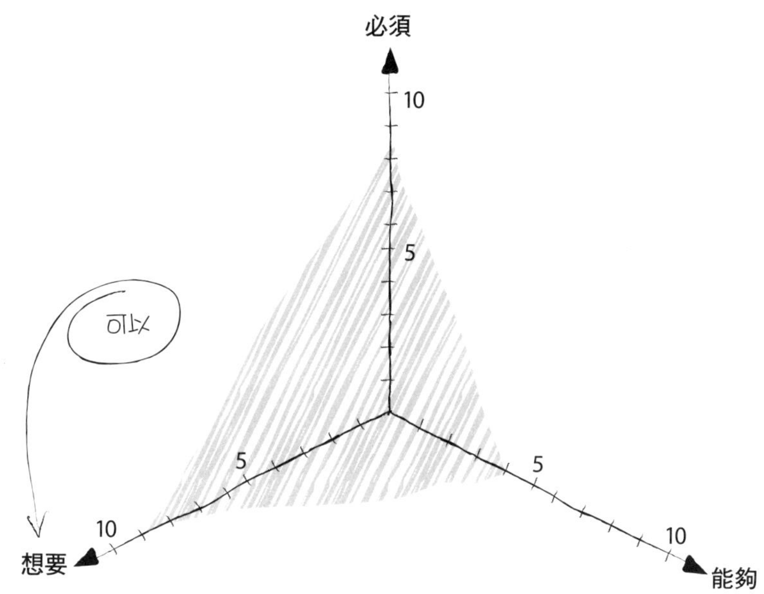

你目前的工作對你造成多大的負擔？這些工作跟你的能力吻合程度如何？
以及跟你想要的有多大的關聯性？

鑑往知來模型

要想掌握未來，就先得了解自己的過去

說到策略性的決定，我們的焦點通常是放在未來。我們的夢想著眼於未來，而我們的希望則是實現這些夢想。

可是為什麼呢？或許是因為我們希望可以掌握自己的未來。不過，我們往往忘記，每個未來都有個過去，而我們的過去則是未來賴以維繫的基石。

所以重點不在於「如何想像自己的未來？」這個問題上頭，而是在於 「如何才能為過去（例如，專案）和未來建立聯繫、搭起一座橋？」這個模型是受到葛洛夫顧問公司的視覺規畫系統所啟發，有助於各位想出過去相關的地方，哪些事情是可以忘懷的，哪些事情是你應該從過去引入未來的。

怎麼做呢？首先你們要界定一個時間的框架──也就是說，去年、就學期間、你的婚姻，或是從公司成立開始至今──並且回想這段期間剛開始的時候，可以自己一人或是在團體之內進行。接著加入以下這些時間線：

- 相關人物
- 你的目標（在那時候）
- 成功
- 你克服的障礙
- 你學到的事物

填完這個模型之後，你會發現過去的重要性。

回憶是我們唯一不容指使的天堂。
——尚保羅（Jean Paul）

目標

（那時）

你學到的事物

障礙
（你克服的阻礙）

成功

人們

選擇一個時間框架，並回答以下問題：你那時候的目標是什麼？你學到什麼？你克服什麼障礙？你成功之處是什麼？哪些人扮演了重要的角色？

個人潛力陷阱

為什麼心中不抱任何期望會比較好？

「這麼前途無量的孩子」──任何人只要聽過別人給他們這樣的評語，已經可以猜到在「個人潛力陷阱」的背後蘊藏著什麼：為了實現這樣的前景而努力的一生。

對於有才華的人而言，這是個詛咒。人們會這麼說，「他只需要知道自己真正想要什麼。」人們會對他們的缺點視而不見，並對他們輕而易舉的成功感到讚嘆。才華和魅力這樣充滿吸引力的組合讓他們佔盡便宜，但卻也是致命的。因為，其他天資沒有那麼聰穎的人已經開始打拚：那麼這些先天聰穎的人就得靠邊站，因為以前用仰慕眼光看待他們的人終將迎頭趕上。

個人潛力陷阱可以這個模型精確地追蹤。在這模型之中有三個曲線：

- 我對自己的期望
- 其他人對我的期望
- 我實際的成就

當別人對你的期望以及你實際的成就之間出現過大的歧異時，便可以看出這個陷阱。一般來說，有才華的人會悠遊其間，直到遭逢危機點為止。比較保險的做法是，承諾八成，然後做到百分之一百二十。

你準備好了嗎？對自己的期望別像自以為別人對你的期望那麼高。

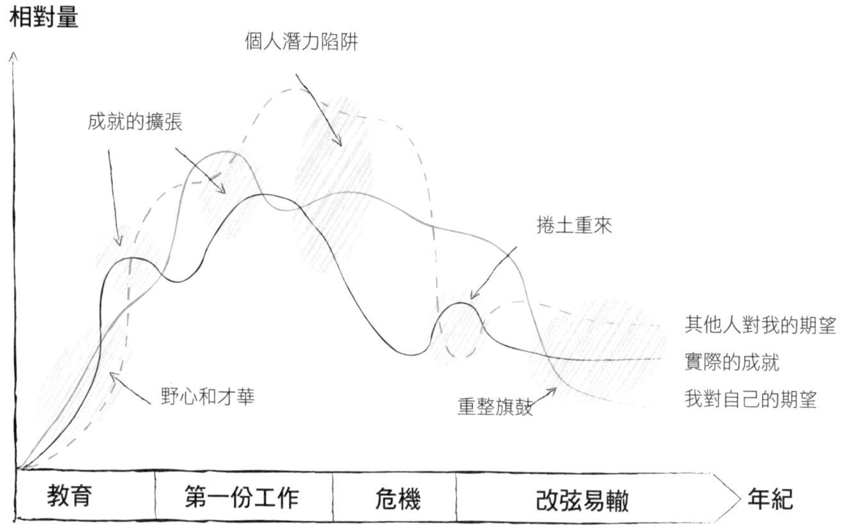

這個模型顯示三個曲線：我自己的期望、別人的期望以及我的成就。如果這三個曲線交會的部分過多，你將會陷入「個人潛力陷阱」。

技術循環週期

怎樣發掘下一個重大發明？

現在這些問題，就算規模最大的企業裡頭最聰明絕頂的人也想要知道：臉書會不會生存下去？微軟（Microsoft）的「Bing」會不會出現演變？接下來的重大發明會是什麼？會不會是相關、實用的——而且人們愛不釋手的？

沒有人知道這些問題的答案，不過史坦福市（Stamford ）高德納顧問公司（Gartner）或許比大多數人都更為了解。他們發明了一套名為技術循環週期（hype cycle）的模型表徵「über-enthusiasm」，也就是在新技術出現之後的興奮以及通常在這之後會產生的失望情緒。

人們之所以熱愛科技，基本上是因為科技很實用。電子郵件有用。網際網路，如果你手頭有點時間的話，也有用。簡訊有用。這些科技工具有何共通之處？那就是，這些工具都經歷過技術循環週期的五個階段：

1. **技術先驅階段：**產品已經上市，到處都在談論這項產品：「你看過這個了沒有？」
2. **期望膨脹期：**興奮的情緒達到高峰。可是人們開始發現疏失之處。你會聽到這些話語：「對啊，是很棒，可是……」
3. **幻覺破滅期：**這項產品不如期望。都是些不怎麼酷的人在使用。你會聽到：「這已經是四年前的東西了。」

4. **復甦期：**媒體不再介紹這項技術，興奮的氣氛已經消失。許多技術就是在這個階段從市場上銷聲匿跡。不過有些公司可能還是繼續實驗。他們可能會改變原來的版本，並為這項技術找出更多新的用途。你會聽到人們這麼說：「我從來不曾這麼想過，不過你們可以不同的方式來用……」

5. **生產高原期：**技術的好處已經廣為展示和接受。通常都是要從實驗階段進展到2.0版或3.0版才會成功，這時，你不會再聽到什麼了，大家都默默地在使用它。

只要這項技術產品存在一天，對它的喜愛就不會停息。

➥另請參考：斷層—擴散模型（114頁）

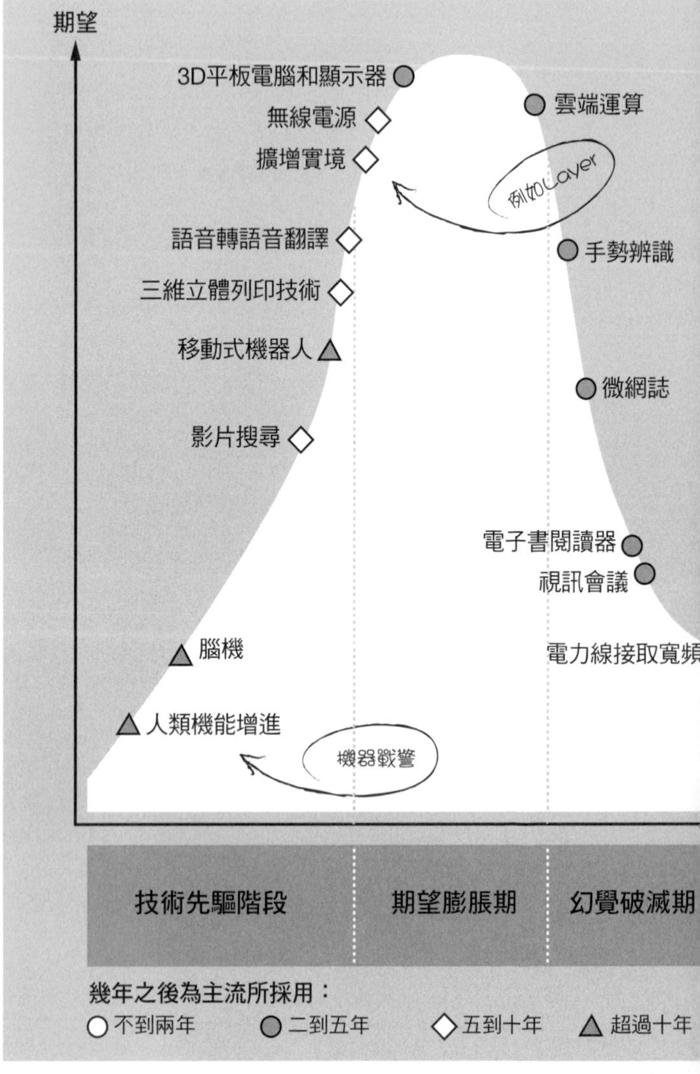

技術循環周期也可以應用在伴侶間的關係上頭：在剛建立關係的時候，你會覺得彷彿置身於世界的頂端。然後，你開始會有不同的想法。經過一段時日，你們不是分道揚鑣，就是彼此許下長期的承諾。

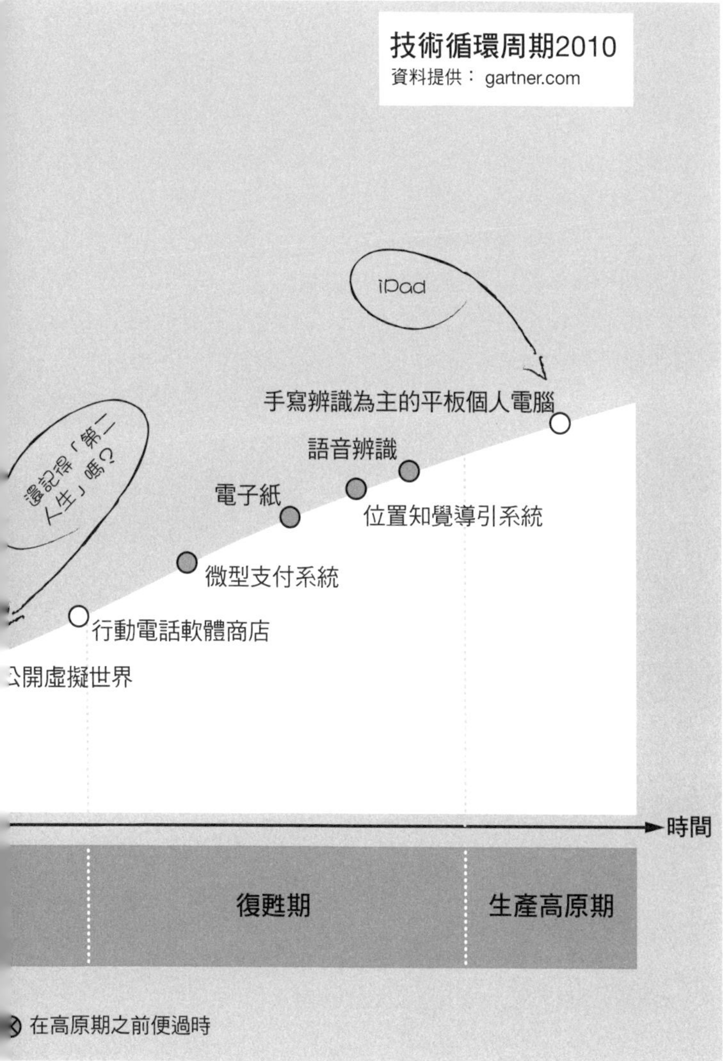

技術循環周期2010

資料提供： gartner.com

iPad

手寫辨識為主的平板個人電腦

語音辨識

電子紙

位置知覺導引系統

微型支付系統

還記得「第二人生」嗎？

行動電話軟體商店

公開虛擬世界

時間

復甦期

生產高原期

在高原期之前便過時

細膩訊息模型

細微之處為什麼重要？

只要是從事跟待人接物有關的工作的人，都會知道資訊不見得會傳遞到所想的地方，部門之間的人員彼此鬥爭，而不是互相支援，管理者的決定是根據聽起來很酷的策略為基礎，而不是基於實際的事實。根據組織理論學家傑克斯（Elliott Jaques）所言，「當今管理的情況就跟自然科學界在十七世紀時一樣。在管理學的領域沒有一套信譽卓著的概念，可讓你們建立經得起檢驗的理論。」

有些團隊為什麼能夠順利地合作，另外有些卻迭生齟齬？在可以運作和無法運作的結構之間，存在著什麼細膩的差異？答案我們並不知道。不過我們知道的是，拜美國記者布坎南（Mark Buchanan）之賜，溝通對於結構穩健、運作順利的環境而言是至關重要的，而且溝通可以分為兩個層次：我們口中所言的話語，以及表達的方式。

美國麻省理工學院媒體實驗室（MIT Media Lab）為了找出這些問題的答案，對某大銀行的創意小組進行觀察：誰對誰說些什麼？ 誰什麼時候移動？移動的頻率？以及朝什麼方向？A對B用什麼口吻說話？誰的壓力很大？誰好像過勞？

這項聽起來很像「老大哥」（Big Brother）的計畫名為「現實挖掘」（reality mining），以這家銀行的情況來說，觀察結果顯示：彼此溝通、讀取許多電子郵件——私人的以及工作相關的——的團隊成員，一般來說，相較於那些只會埋首於工作的同儕，似乎比較開心，而且生產力也比較高。

你最常和誰談話？你最重視誰的意見？

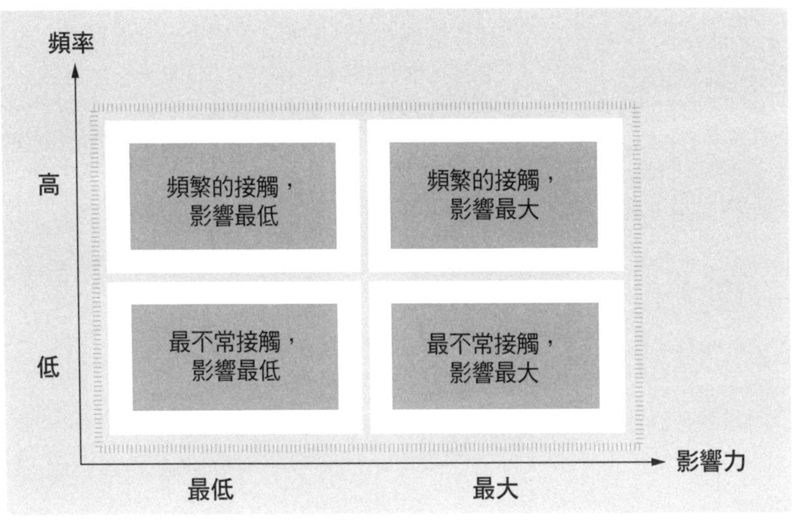

你跟誰溝通？接觸的頻繁度？以及你們的討論有何影響力？請和你的同事一起將你們的討論納入這個矩陣之中。

人脈網路目標模型

你的朋友對你的風評如何？

你說得出來五個最好的朋友是誰嗎？這五個好友當中，你說得出來跟誰最常溝通嗎？在你熟識的好友之間，你也說得出他們有哪些共通點嗎？

以下這個模型是根據你的電話簿為聯絡人脈建立一套結構。請瀏覽你的聯絡人名單，並根據以下的標準加以區分：你跟誰見面、多久見一次，以及他們分屬哪種聯絡人（朋友、家人、熟人、同事）。

以下這些問題也很有意思：請瀏覽電話聯絡人名單並寫下：

- 多少人比你有錢？多少人比你窮？
- 多少人比你年輕？多少人年紀比你大？
- 你覺得多少人比你更有魅力？多少人比較欠缺吸引力？
- 多少人的國籍和你相同？跟你不同國的又有多少人？

一個不花時間跟家人相處的男人，絕對不算是真正的男人。
——教父卡李昂勒（Don Corleone）

➥另請參考：家庭樹模型（28頁）

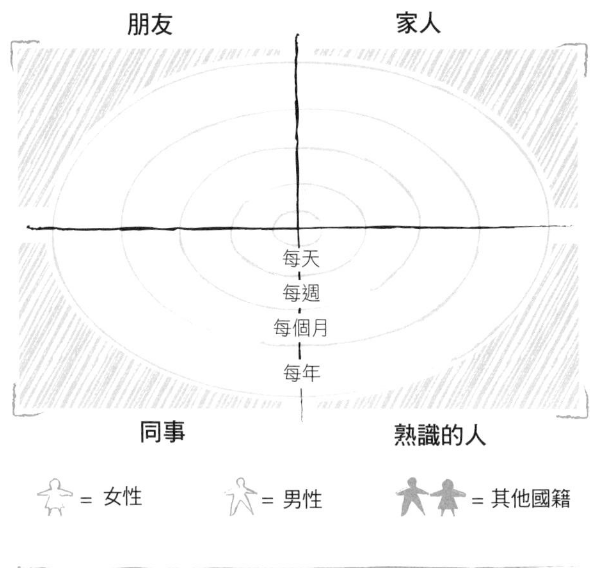

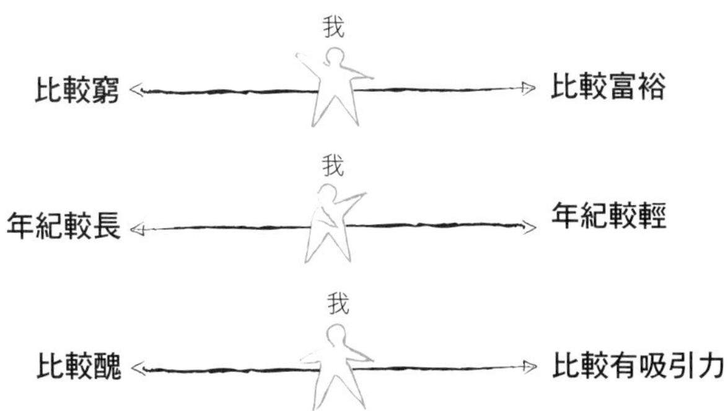

在這個模型之中，請填入你的朋友和同事的姓名，以及你多常跟他們見面。你希望跟誰多見面？哪些人則是你寧可少見一些的？

淺薄知識模型

你不用做萬事通

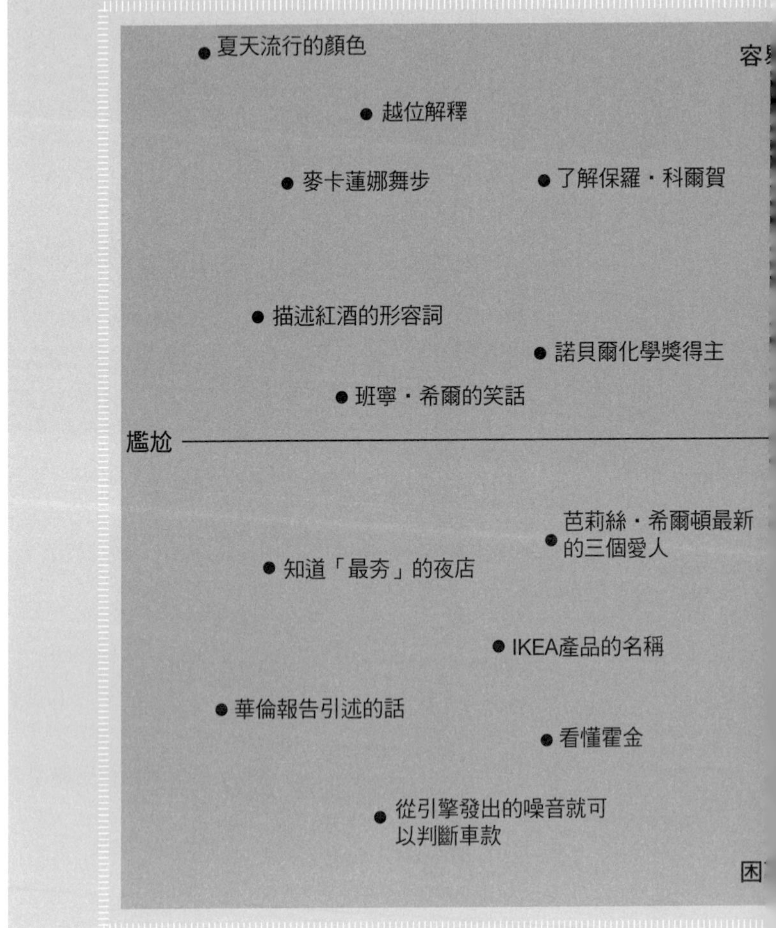

知識能讓人留下深刻的印象──也可能讓別人覺得無趣。你知道些什麼？ 從右上角開始做起。

- 歐盟（EU）所有會員國
- 維也納華爾滋的舞步
- 你的伴侶的衣服尺寸
- 十誡的內容
- 奧林匹克運動會最近十次舉行的地點
- π小數點後的四位數
- 在海拔兩千公尺的高度煮糖心蛋所需的時間
- 四海為家雞尾酒的配方

給人深刻印象

- 你的伴侶的胸罩尺寸
- 尼采三個強調積極生活的引言
- 一九八〇年代電視連續劇的主題曲
- 九一一事件中恐怖分子的名字
- 解說量子物理（清晰地）
- Google的運算
- 可口可樂的配方
- 反駁量子物理

插入你自己的部份：

- 世界盃足球賽前十屆的冠軍得主
- 用十五種語言說「哈囉」
- 引述二十句聖經的話語
- 七大死罪
- 國歌的歌詞
- 國歌的曲調

如何更加了解別人

瑞士乳酪理論

錯誤是怎麼發生的

犯錯是人之常情。有些人會從錯誤中記取教訓，有些人則會重蹈覆轍。以下是各位對錯誤需要具備的了解。

錯誤可以分為幾種：

- 真正的錯誤——執行錯誤的流程時所發生的錯誤。
- 中斷——忘記部分流程時所發生的錯誤。
- 疏失——雖然流程正確無誤，但是執行不當的話，就會犯這種錯誤。

錯誤的發生可以分為幾個層次：

- 源自技能的層次。
- 源自規則的層次。
- 源自知識的層次。

造成錯誤發生的因素也可分為幾種：

- 跟人有關的——上司、團隊、同事、朋友。
- 技術支援——設備、工作場所。
- 組織要素——要完成的任務、時機。
- 外界的影響因子——時間、經濟氣候、情緒、天氣。

詹姆斯・李森（James Reason）以人為疏失（human error），或稱為瑞士乳酪理論模型（Swiss cheese model）（1990），對錯誤起因和影響的說明最教人印象深刻。這個模型以瑞士艾曼托乳酪（Emmental cheese）來比喻錯誤發生的層次。一個完全沒有錯誤的世界，就好像沒有洞的乳酪一樣。可是在真實的世界裡，乳酪會被切成薄片，每一片薄片的各處都有許多洞，這些洞可以想像為錯誤發生的管道。所犯的錯誤如果只穿透一層，就不會被注意到或是造成什麼影響。可是如果這個錯誤造成的洞穿透多層的防衛機制，就會造成大災難。這個模型適用於所有會因為錯誤便造成致命後果的領域──例如，醫藥和空中交通。

「經驗」是每個人為自身錯誤所賦予的稱謂。
──王爾德

➥另請參考：結果最適化模型（146頁）

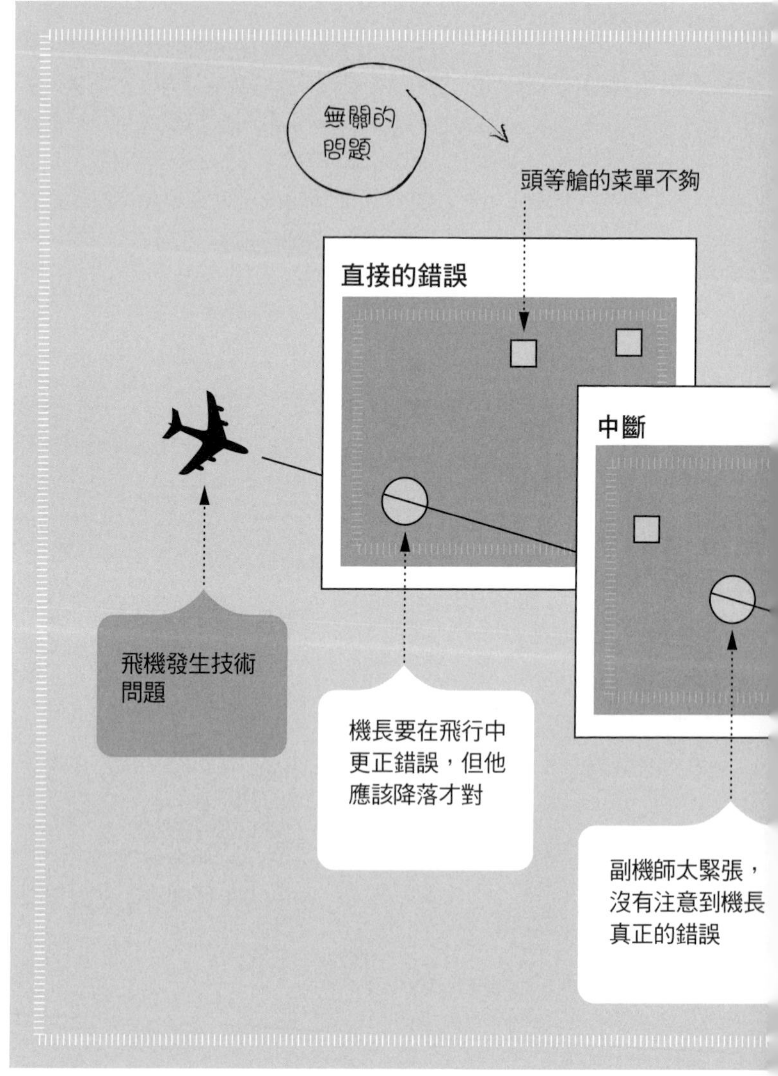

這個插圖顯示的情形是，當三個層次都發生錯誤、而且在「乳酪」上穿透三層「洞」時的情形：1. 飛行員犯了個錯誤。2. 副駕駛反應錯誤3. 在試圖更正錯誤的時候，又犯了另外一個錯誤。

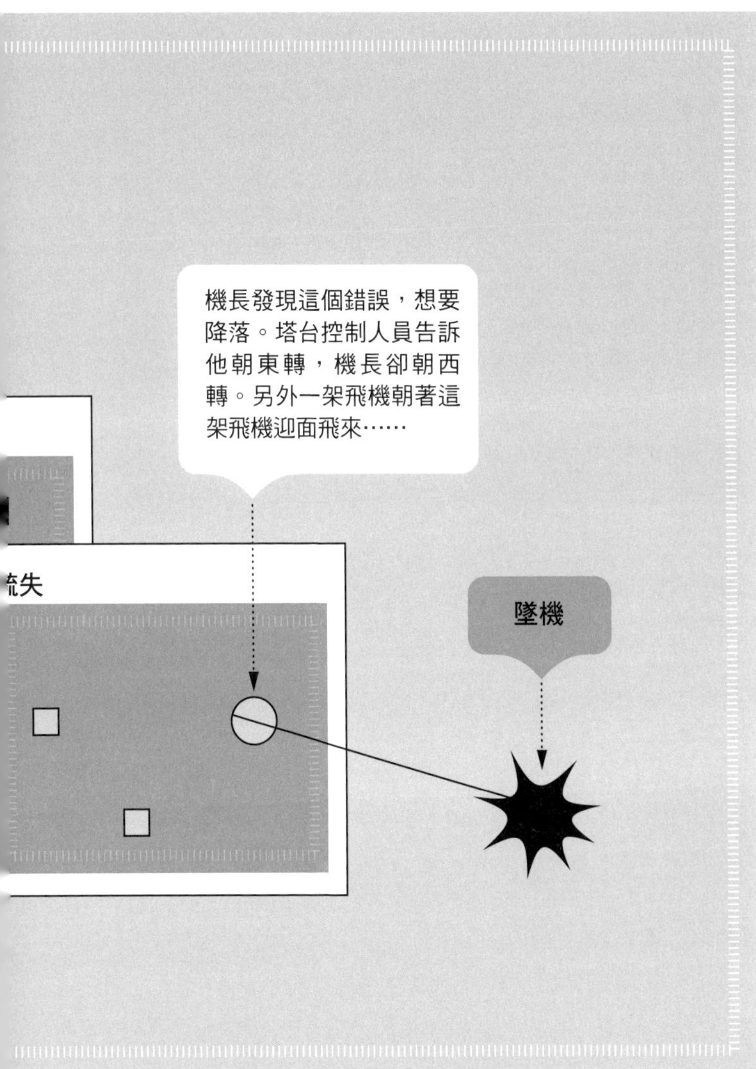
機長發現這個錯誤，想要降落。塔台控制人員告訴他朝東轉，機長卻朝西轉。另外一架飛機朝著這架飛機迎面飛來……
流失
墜機

馬斯洛金字塔

哪些事物其實是你們需要的，
哪些又是你們想要的

二〇〇三年的德國電影*Hierankl*開場白這樣說，「三個最重要的問題是……你還有性生活嗎？你成家了嗎？你是知識分子嗎？如果三題答案都是yes，那可是天堂般的生活；如果有兩個yes，那麼表示你具備了快樂的要件；一個yes則是你們賴以生存的所需。」這是部爛電影，但是所提出的問題卻很好。

心理學家馬斯洛（Abraham Maslow）在一九四三年發表「需求金字塔」（hierarchy of Needs）模型。他把人類的需求分為幾種：

- 生理需求（吃飯、睡覺、溫暖、性）。
- 安全需求（有地方可以住、工作的保障、健康、不受敵人侵擾）。
- 社會的人際關係 （朋友、伴侶、愛）。
- 肯定的需求：（地位、權力、金錢）。
- 實現自我的需求（個別性、實現個人的潛能，也要追求信心和超越）。

最前面這三個是基本的需求。如果這些需求得到滿足的話，人們就不會再去多想。最後兩個則是渴望或是對於個人成長的需求，這些需求是永遠無法滿足的。我們的渴望和需求相較之下，這個需求金字塔模型便很有意思。

根據西方世界的經驗法則：我們最渴望的東西其實是我們最不需要的。

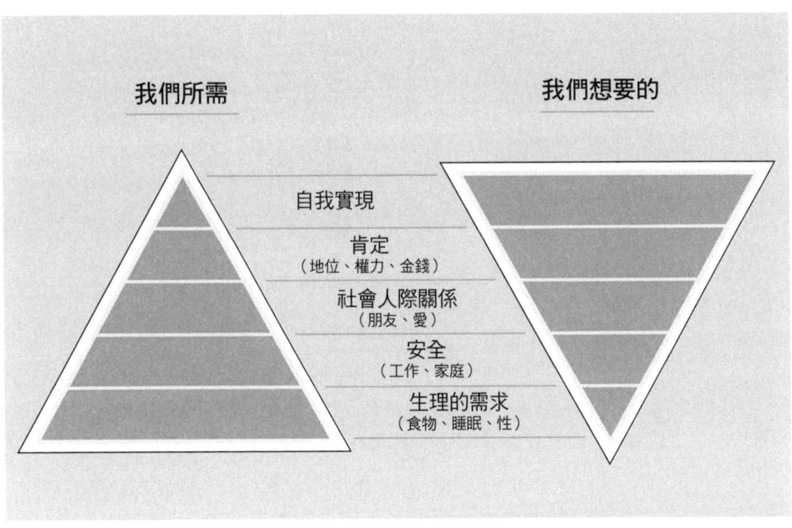

建立自己個人的基本需求金字塔：你擁有什麼？你想要什麼？

跳脫框架思維

怎樣激發出絕佳的點子

一個真正的創新點子——而不是舊瓶新裝，在新的背景環境套用既有的點子，或將某個現成的點子加以變化——是極為少見的。創新的點子通常是在我們脫離舒適區（comfort zone）之後、或是當我們打破規則時出現。在此且以「九點問題」（nine-point problem）為例，這在二十世紀之初首見於解謎雜誌之中。

謎題：請以直線連結這九個點，最多只能用四條直線，而且過程中筆不能移開紙張。

解答：解題的訣竅在於，要把線畫到框架之外。

這個謎題常見於創意思考的例子之中。不過別貿然做出結論——因為英屬哥倫比亞大學心理學教授彼得・蘇菲爾德博士（Dr. Peter Suedfeld）有個很有意思的觀察。他透過「有限環境刺激技術」所產生的所謂漂浮舒緩，實驗是讓受試者坐在漆黑的房間裡，沒有任何視覺或是聽覺的刺激。蘇菲爾德博士注意到，受試者並沒有因此陷入恐慌。他們的血壓反而下降，心情改善，而且變得比較有創意。

對於想要跳脫框架思考的人，跳脫框架內思考會比較有利。

➥另請參考：型態分析盒與奔馳創意法（30頁）

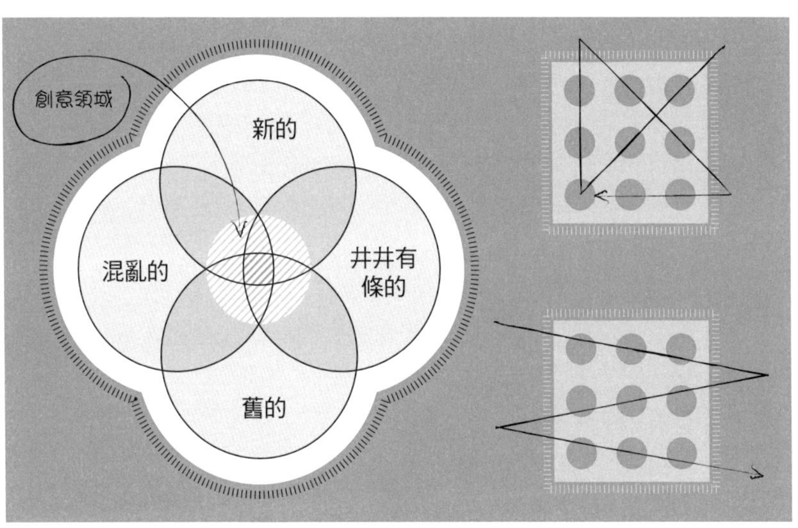

左邊：「跳脫框架」是指已知和未知領域重疊的部分。右邊：用四條直線連結九個點的兩個方法。

社會氛圍和布爾迪厄模型

你所屬之處

社會氛圍（Sinus Milieu）是一種心理變數法（psychographic），為人們建立所屬的社會文化族群。這個模型通常用於行銷，賴以界定目標族群之用。這是由法國社會學家艾彌爾・涂爾幹（Emile Durkheim）所建立。接下來這兩頁介紹的版本則較少人運用，這是由另外一位法國社會學家皮埃爾・布爾迪厄(Pierre Bourdieu)建立的軸線模型。布爾迪厄對於文化消費的分析，挑戰我們根深柢固的文化偏好和行為。

社會族群（Sinus groups）常因其狹隘性而遭到批評。確實，這種模型無法回答這樣的問題：「如果我的父親是巴士司機，母親是嬉皮，我是時尚設計師，有空的時候我會跟高爾夫球俱樂部的朋友混在一塊；那我是屬於哪個族群？」這個模型之所以受到歡迎，可以閉鎖原則來解釋：如果我們熟悉某件事情的話，就不會想要改變這個習慣，就算有機會接觸新的事物，或是其他可能更好的事物，都不為所動。

社會氛圍模型雖然有其侷限性，但是幾乎所有的市場研究和市場分析都採用。這一點顯示，如果大多數人都熟悉某個體系，那麼別的系統就很難打下基礎。習慣的力量超越了想要追求進步的渴望。

我們的未來取決於我們來自於哪裡。

——馬丁・海德格（Martin Heidegger）

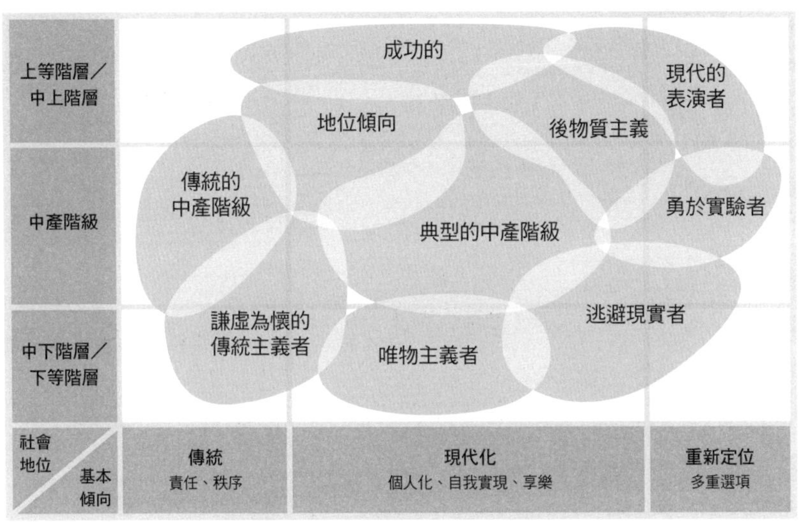

你會怎樣定位自己？你會怎樣定位自己的父母？你希望別人怎樣定位你？

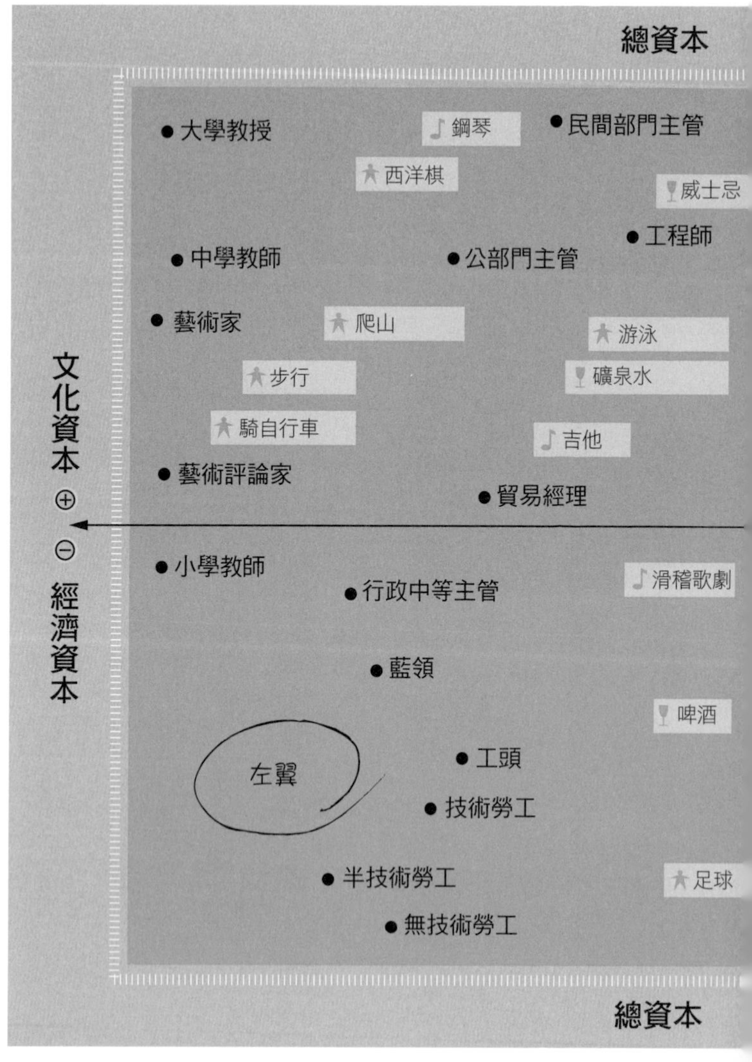

布爾迪厄模型：你會怎樣定位自己？你會怎樣設定父母的定位？你希望別人會把你定位在哪裡？

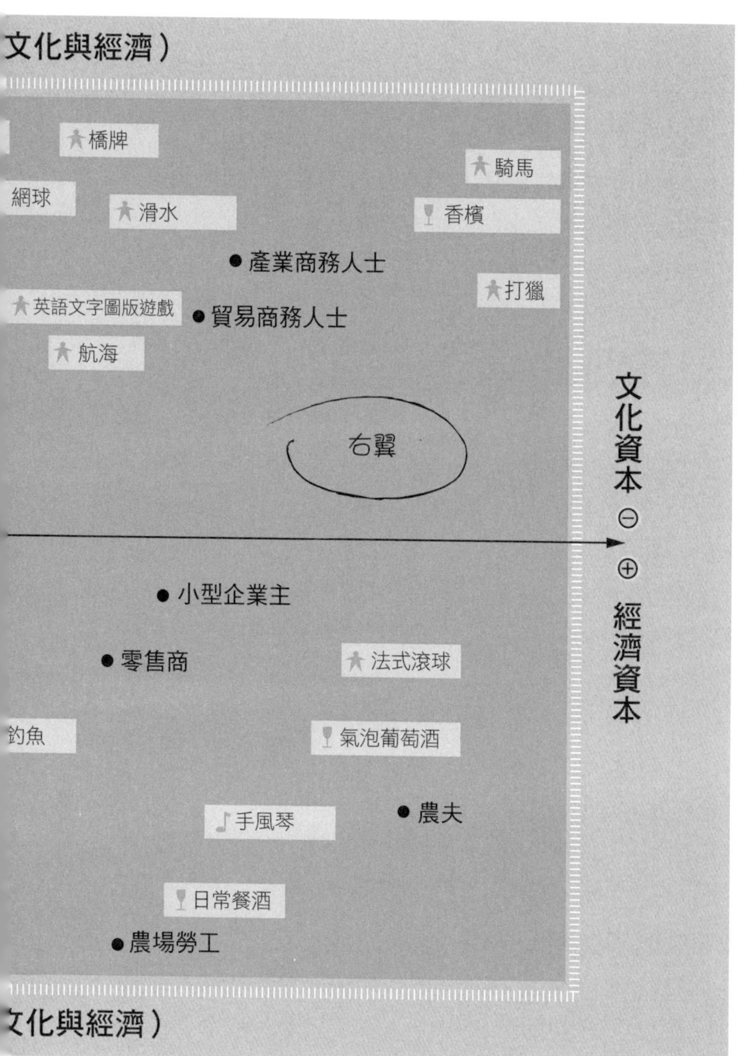
文化與經濟）
橋牌
騎馬
網球
滑水
香檳
產業商務人士
打獵
英語文字圖版遊戲
貿易商務人士
航海
右翼
文化資本 ⊖
⊕ 經濟資本
小型企業主
零售商
法式滾球
釣魚
氣泡葡萄酒
手風琴
農夫
日常餐酒
農場勞工
文化與經濟）

雙重迴路學習模型

怎樣從錯誤中汲取教訓

雙重迴路的學習指的是自我省思和從中學習。這個理論源自於體系理論學家福斯特（Heinz von Foerster）和魯曼(Niklas Luhmann）的研究，尤其是「二階觀察」（second-order observation）的理念。嚴格來說，這並不是一個模型，而是成為萬事通（know-alls）的技巧。這樣令人渴望的技巧怎樣才能精通？答案很簡單：你們要學習怎樣觀察「一階觀察者」。

「一階觀察者」看的是眼前的事物。對他們而言，這個世界純粹就是存在。另外一方面，二階觀察者則是把一階觀察者眼中所見歸因於他們看待的方式。換句話說，二階觀察者看的是觀察的方式。譬如，如果你批評某個足球比賽裁判做出錯誤的判決，那麼你就是二階觀察者：你的觀點不同於裁判的觀點，因為你置身場外，而且不是實際判決的人，你覺得基於這些原因，你的判斷會比較合理。

在觀察的過程中，一階觀察者並不知道本身觀察的方式——這是他們的盲點。體認到這個盲點，二階觀察者得以成為「萬事通」。他們得以告訴一階觀察者，可以用不同的方式來觀察，並進而以不同的方式來看待事情。

心理學家克里斯・阿吉里斯（Chris Argyris）以及哲學家唐納德・舍恩（Donald Schön）根據這些對於觀察的理論，建立雙重迴路學習。在最理想的情況下，單一迴路（一階觀察）

是最好的做法。運作順利的事物不會改變，只是一再重複而已。在最糟糕的情況下，同樣的錯誤則會一再重蹈覆轍，或是人們只是解決問題，卻沒有先質疑怎麼會犯下這個錯誤。

在雙重迴路學習中，你們會思考自己在做些什麼的問題，並且試圖打破本身的模式，不是單純換個做的方式，而是思考為什麼你會用這種方法來做。在你的行動背後，有什麼樣的目的和價值觀？如果你對這些都很清楚，或許便能加以改變。

雙重迴路本身的問題在於，我們在說要去做的事情（所謂的「信奉理論」〔espoused theory〕）和實際上去做的（所謂的「使用理論」〔theory in use〕）之間有所差異。如果我們真的要改變某件事情，那麼光是對員工或是自己下達指導或是指令是不夠的。這樣做只會讓我們收到指令（信奉理論）。唯有在我們重新評估本身根深柢固的原因、目標和價值觀時，才能做出真正的改變。這些是影響使用理論的「力場」。

親力親為實現自己想要見到的改變。

➥另請參考：黑盒子模型（118頁）、下一個頂尖的模型（148頁）

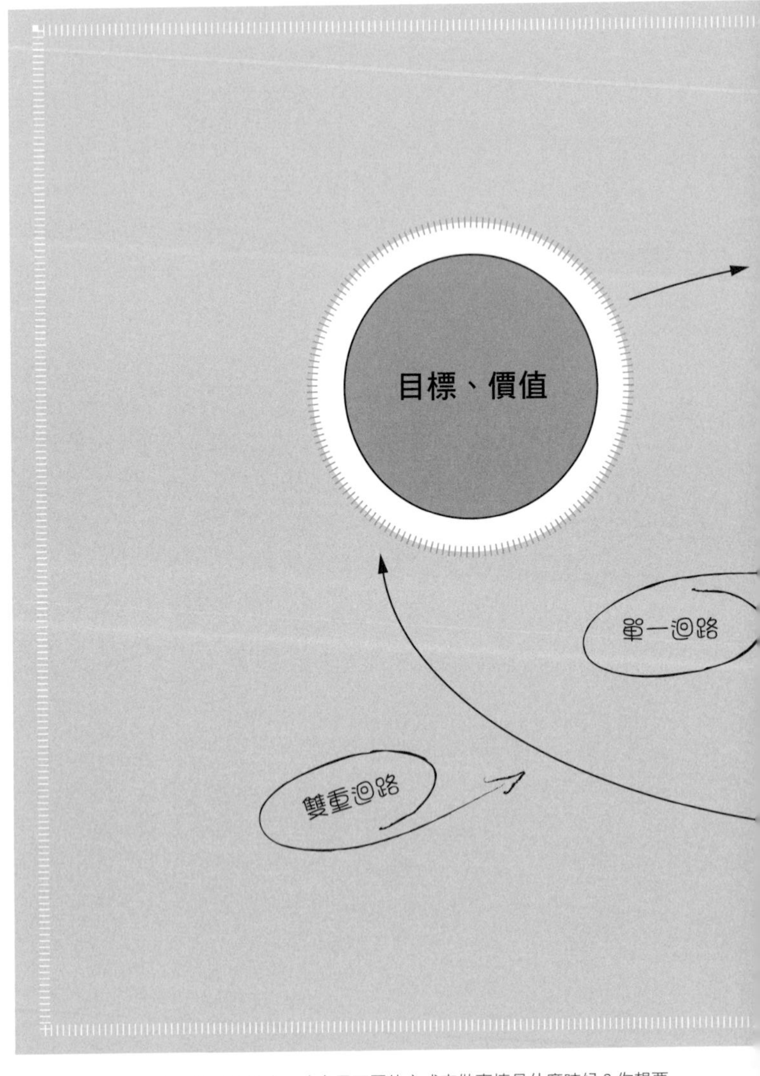

你上一次突破生活之中熟悉的模式、確實用不同的方式來做事情是什麼時候？你想要突破什麼模式？什麼因素讓你難以突破？

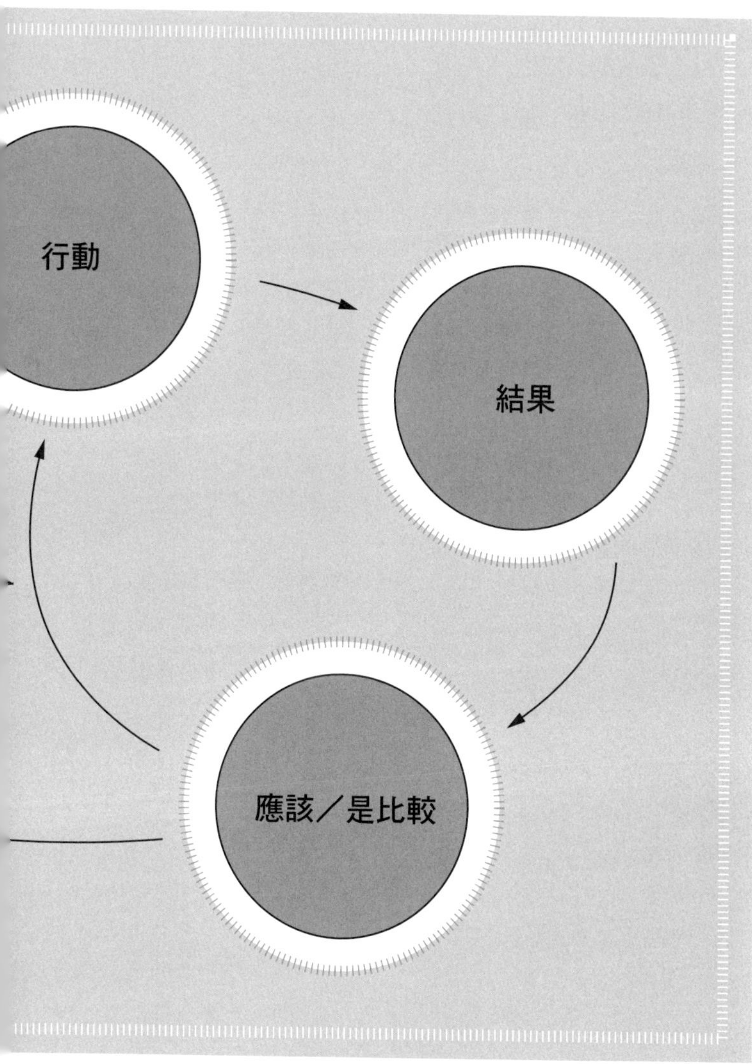
行動
結果
應該／是比較

AI模型

你屬於哪一種討論的類型？

AI是肯定式探詢（Appreciative Inquiry）的縮寫，這是美國管理專家大衛．庫柏里德（David Cooperrider）所開發的方法，焦點放在公司或是個人本身的長處、正面的特質和潛力，而不是弱點上頭。「目前什麼進行得很順利？」取代了「有什麼問題？」這樣典型的問題。如果一味專注於弱點，會從一開始就營造出負面印象。

每個人、每個體系、每個產品、每個點子難免都會有瑕疵。了解這一點，在最理想的情況下，可以促使人們下定決心追求完美。不過許多人都過於專注某個點子或是專案的缺點，以至於難以開創開放和正向的做法——開放和正向對於良好的工作方式是至關重要的。基本上的原則是，持續開發未臻完善的點子，而不是一開始就放棄。

人們討論的方式通常會透露出他們的性格。根據人們對於意見的反應，可以區分為四類基本的型態：

- **吹毛求疵型**：「這個點子很好，可是……」
- **獨裁型**：「不行！」
- **學校老師型**：「不行，這個點子不夠好，因為……」
- **AI思維者**：「是的，我們可以…」

任何蠢蛋都能批評。大多數的愚昧之人確實也都這樣做。

——班傑明．富蘭克林（Benjamin Franklin）

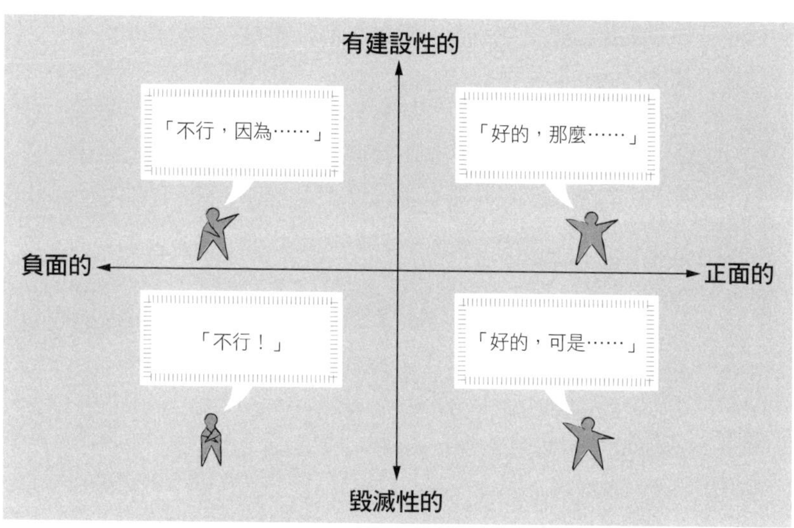

下一次你們參與團體討論的時候，記錄每一個人提出主張的方式。

小世界模型

這個世界到底有多小？

社會心理學家米爾格倫（Stanley Milgram）在一九六七主張，這個世界上每一個人都是息息相關的，只是有些分離度（degrees of separation）而已——說得更精確些，最多六度。在一九九〇年代，這套模型又以派對遊戲的型態重生：「我認識某個人，他認識某個人，這個某人又認識某人……」

這樣一來，你可以跟這個世界上幾乎所有的名人攀親帶故——或是為曾在電影裡頭露過面的演員找出相互關係。令人意外的，勞倫斯・奧利佛（Laurence Olivier）跟潘蜜拉・安德森（Pamela Anderson）之間只隔了兩層關係。潘蜜拉・安德森曾經和詹姆斯・吳（James Wing Woo）合演《*Snap Dragon*》(一九九三年)，詹姆斯・吳又曾和勞倫斯・奧利佛合演《霹靂鑽》（*Marathon Man*）（一九六七年）。如果你不相信的話，看看oracleofbacon.org這個網站就知道了。

這個世界真小的現象套在虛擬行銷上頭時，會更加有趣：你認識誰可以幫你宣傳理念或是產品？像是LinkedIn和臉書之類的社交網站，會顯示你有多少好友，以及你是透過多少其他人認識這些人的。

重點不是你會做些什麼，而是在於你認識哪些人。

➥另請參考：家庭樹模型（28頁）、細膩訊息模型（78頁）

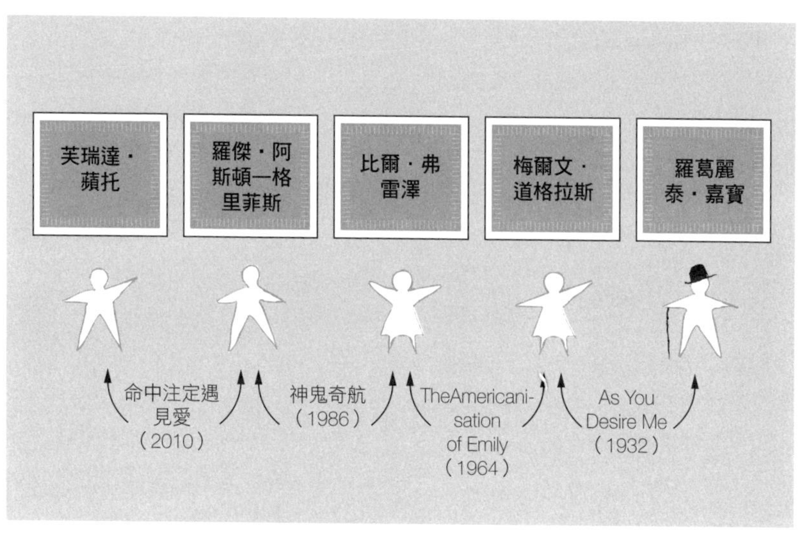

你覺得你和葛麗泰・嘉寶之間隔了幾度的分離？

帕雷托法則

為什麼投入百分之二十卻能締造百分之八十的產出？

二十世紀初葉，義大利經濟學家維爾弗雷多・帕雷托（Vilfredo Pareto）觀察到，義大利百分之八十的財富都是掌握在百分之二十的人口手中。而且，百分之二十的勞工從事百分之八十的工作；百分之二十的罪犯犯下百分之八十的犯罪行為，百分之二十的駕駛造成百分之八十的交通事故，百分之二十的避險基金投資百分之八十的資金，百分之二十上酒吧的人喝掉百分之八十的的酒。我們衣櫃裡頭的衣服只有百分之二十會利用到，我們百分之八十的時間是花在百分之二十的朋友身上。企業在會議之中，百分之八十的決定是在百分之二十的時間內做出的，企業百分之八十的營業額來自百分之二十的客戶（產品）。

當然，帕雷托法則不是什麼都能套用的（數學家偏好比較精確的「64/4法則」，因為百分之八十的百分之八十是六十四，而百分之二十的百分之二十是四）。不過任何希望時間規劃達到最適化的人，都應該知道他們花在某個工作上頭大約百分之二十的時間會帶來百分之八十的成果。

我絕對要去上時間管理課……只要我能挪出時間的話。

——路易斯・布恩（Louis E. Boone）

➥另請參考：長尾模型（108頁）

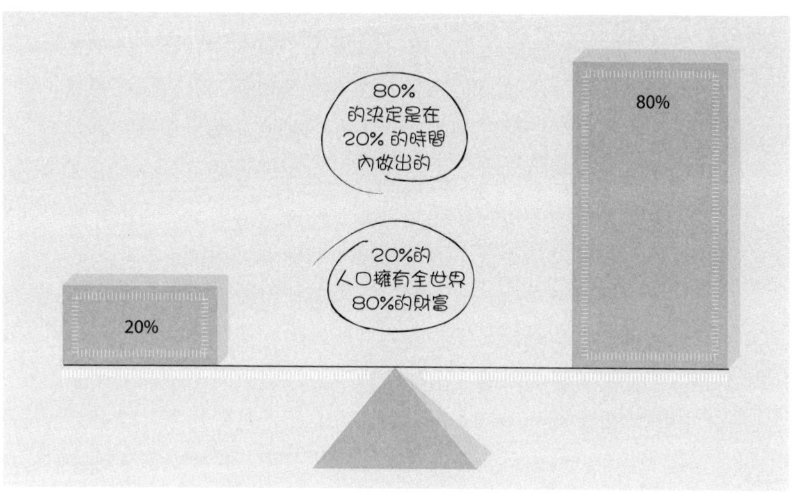

帕雷托法則描述的是，高價值的小族群對整體的貢獻超過低價值的大族群。

長尾模型

網路怎樣扭轉了經濟？

帕雷托法則——「百分之二十的產品創造百分之八十的營業額」的理念——或許不是絕對。在二〇〇四年，《連線》雜誌（*Wired*）總編輯克里斯・安德森（Chris Anderson）宣稱，在網際網路上頭販賣的物品幾乎都能賣掉——就算再怪異、再沒有必要的商品照樣有人要。看來會吸引生意的不是同質性，而是變化。

安德森以需求曲線說明他的想法。在最左端，需求虛線陡峭地向上。在這裡是最暢銷和最熱門的商品，佔市場上的百分之二十。接著這個曲線緩和向右下滑。這裡是我們覺得比較不熱門的書籍和影片。這個部分的曲線要比高峰的部分寬得多，涵蓋更多的商品。出於直覺，人們會以為帕雷托法則說得對，最暢銷的產品（百分之二十）比「其他商品」（百分之八十）更具獲利能力。可是這些數據說的其實並非如此：長尾（誠如安德森所稱）創造的營業額其實超越少數幾個暢銷品。

網路是全世界最大的圖書館，而且所有的書都在架上。

——包洛斯（John Allen Paulos）

➥另請參考：帕雷托法則（106頁）

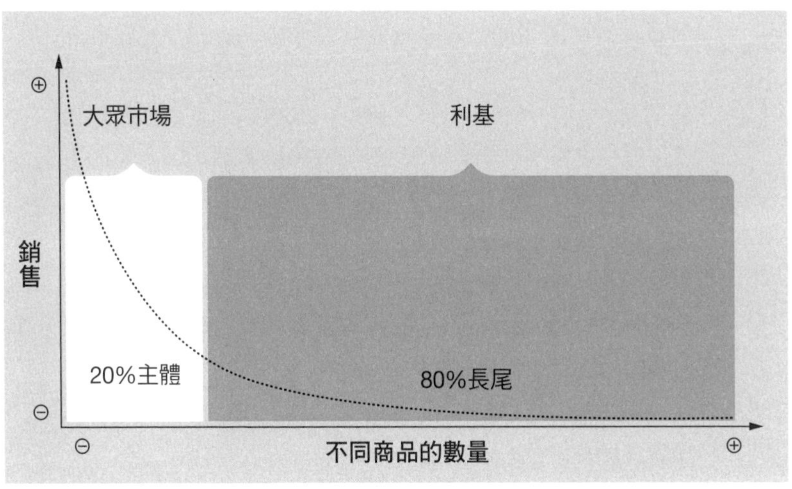

大眾市場要暢銷商品，但是也有利基商品的需求。個別需求或許低，但是整體而言，利基商品的價值超過暢銷品。

蒙地卡羅模擬法

我們對確切的結果為什麼只能取得近似值

π（3.1415927⋯）這個數字在數學上稱為「無理數」。這個數字是無止境的：在小數點後面的數字會無窮地延續下去，這些數字看起來像是隨機的序列。許多我們希望能夠預測的現象，都存有隨機性，像是天氣的變化或是股價的起伏。有個電腦模擬法是以蒙地卡羅賭城為靈感開發出來，以便計算這些顯然無法計算的現象。

如果你擲骰子，你知道會擲出1、2、3、4、5或是6的數字。不過你每次擲出的時候，並不知道會出現的是哪一個數字。蒙地卡羅模擬法算的就是這個：結合機率的計算和統計學，根據隨機取樣進行多次試驗算出結果。

蒙地卡羅模擬法為什麼重要？因為這讓我們了解到，模型並不代表現實，只是現實的近似值。

如果我對要做什麼知道得一清二楚，那去這樣做還有什麼意思？

——畢卡索（Pablo Picasso）

➥另請參考：黑盒子模型（118頁）、黑天鵝模型 （112頁）、
下一個頂尖的模型（148頁）

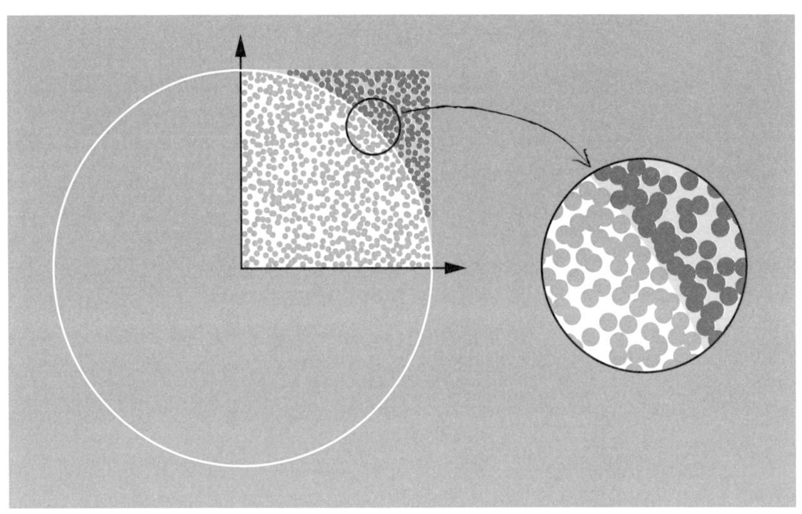

在這個例子之中，你想要預測一個點可能的落點處。你把數以百計的黑點如下雨般地隨機落在方格之中，然後計算多少落在方格之內，又有多少落在方格－圓圈之外。你會重覆這個過程許多次。你以統計算出結果（如果大多數的點通常是落在圓圈之內，你可以預測你的點未來可能的落點），但是還是有一定的誤差。

黑天鵝模型

為什麼你的經驗沒讓你變得更加睿智？

這裡有三個問題給喜歡反省的人思考：我們知道的事情是怎麼知道的？過去有助於我們預測未來嗎？意外事件為什麼永遠也預測不到？

羅素（Bertrand Russel）在一九一二年於著作《哲學問題》（*The Problems of Philosophy*）之中，以這個例子總結這三個問題的答案：一隻期望每天都有人餵食的雞，假設每天都會持續得到餵食。這隻雞會堅信人類都是仁慈的。這隻雞的一生當中，從來不曾出現徵兆直指有朝一日牠會遭到宰殺的事實。

我們人類也得承認，最重大的災難通常是在我們最措手不及的時候發生的。這也是為什麼，根據羅素所言，我們應該不時質疑自以為理所當然的事物。

例如，當兩架波音飛機衝進美國世界貿易中心的時候，大眾都震驚極了——這場災難的來臨似乎毫無預警可循。然而，就在二〇〇一年九月十一日之後，接連好幾個禮拜和幾個月的時間，幾乎什麼事情似乎都跟這場攻擊行動扯上關係。

黎巴嫩作家塔雷伯（Nassim Nicholas Taleb）將這個現象——我們沒有鑑往知來的能力——稱為黑天鵝（the black swan）。在西方世界，人們總是假設所有的天鵝都是白色的——直到十七世紀的生物學家發現黑天鵝的品種。以往人們一直以為是匪夷所思的事物，突然之間卻成了理所當然。塔雷伯的黑天鵝理論並不是一個真的模型，而是對因果原則的反駁。這讓我們了解，為什麼我們明知屋子快要崩塌了，卻還是緊抓著支柱不放。

你們人生當中的黑天鵝——出乎意料之外的事情——是什麼？這是什麼時候發生的？

➥另請參考：黑盒子模型（118頁）、下一個頂尖的模型（148頁）

斷層－擴散模型

為什麼人手一台iPod？

為什麼有些理念──包括愚蠢的點子在內──能夠生存而且蔚然成風，有些卻只是曇花一現，然後就枯萎，從此消失於大眾的眼前？

社會學家以「擴散」（diffusion）來描述「難解的理念或是複雜的產品受到歡迎」的方式。一九三〇年代，雷恩（Bruce Ryan）和葛羅斯（Neal Gross）在愛荷華州格林郡（Greene County）對於混種玉米的擴散所做的研究，是最知名的相關研究之一。這種新品種的玉米，不論在任何方面來看，都優於舊有的品種，可是卻花了二十二年的時間才廣為人們接受。

擴散的研究人員把早在一九二八年就改採新種玉米的農夫稱為「創新者」（innovators），並將受到這些創新者影響、規模比較大的族群稱為「早期採用者」（early adaptors）。他們是社群之中的意見領袖， 尊重那些觀察創新者實驗的人士之餘，隨之也加入他們行列。緊接著在一九三〇年代末期出現的是「質疑的大眾」（sceptical masses），除非其他先試過的農夫成功，否則這群人絕對什麼都不會改變的；最後終於打動冥頑不靈的保守派「落後者」（stragglers）。

如果以圖形來表示，這樣的發展跟流行病典型的發展曲線是一樣的。曲線起初會逐漸上升，然後跟許多新上市的產品一樣達到臨界點，這時許多產品會在這裡失敗。任何創新事物從初期採用者過渡到質疑者的臨界點都有一個斷層。根據美國社會學家古德林斯（Morton Grodzins），如果初期採用者成功地讓這項創新事物跨過斷層，打動質疑的大眾，那麼流行週期就會達到扭轉的關鍵點。從這裡，這個曲線會急遽上升，這時候大眾接受了這項產品，然後當只有落後者留下時則會再度下降。

以iPod或是iPhone之類的技術創新產品來說，上述的週期很短暫。有趣的是，初期採用者在這項產品一被關鍵大眾接受就會離開，尋覓下一個創新產品。這個斷層模型是美國顧問和作家摩爾（Geoffrey Moore）所開發的。

起先，他們對你視而不見；接著，他們嘲笑你；然後他們跟你對抗，最後你贏了。

——甘地（Mahatma Gandhi）

➥另請參考：長尾模型（108頁）、帕雷托法則（106頁）

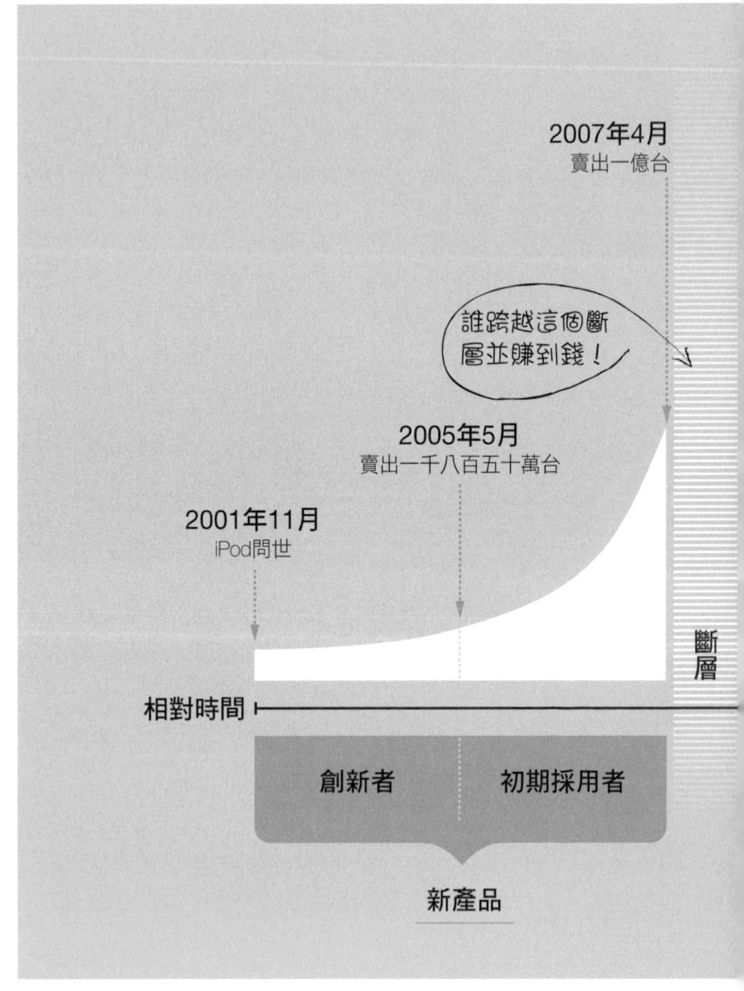

這個模型顯示產品問世的典型曲線，以iPod為例，你在這條曲線上的哪一個點買下iPod？

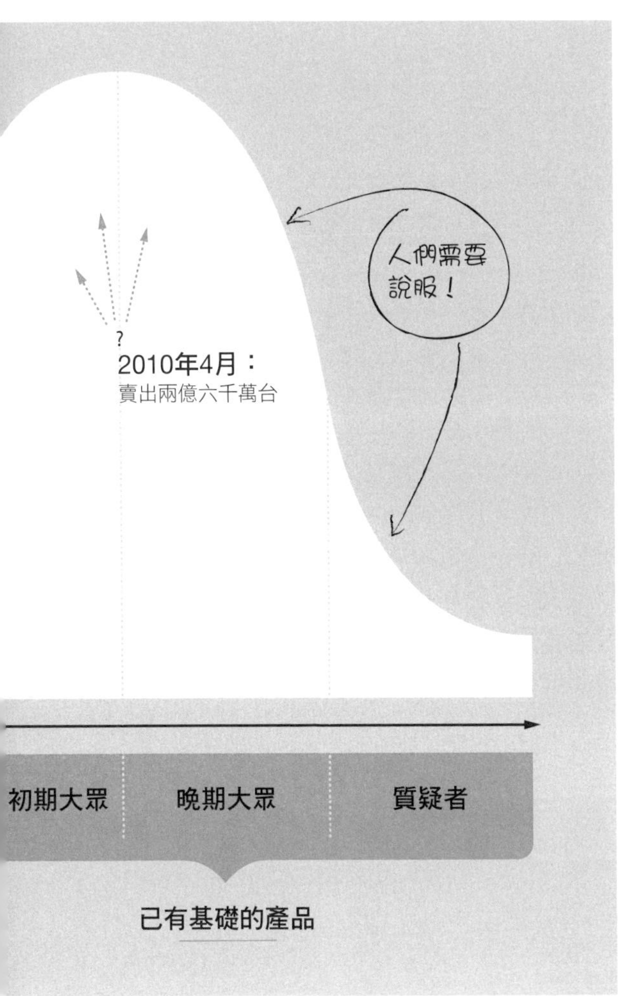
人們需要說服！
?
2010年4月：
賣出兩億六千萬台
初期大眾
晚期大眾
質疑者
已有基礎的產品

黑盒子模型

信仰為什麼取代了知識？

我們的世界愈來愈複雜是不爭的事實：黑白、好壞、是非分明的時代已經不再，取而代之的是複雜的構造，大多數人都不了解。

隨著周遭世界的步調愈來愈快、複雜程度愈來愈高，我們真正知道的事物——確實能夠掌握以及理解的——也不斷地減少。及至一九八〇年代，教師還試圖對學生解說電腦怎麼以二元制（binary code）運作的原理。時至今日，我們多少已將周遭許多我們不能理解的事物視為理所當然——例如行動電話和iPod。就算有人試圖對我們解說基因密碼，我們很可能還是聽不懂。

我們周遭的黑盒子愈來愈多，這些構造複雜的事物就算有人解說，我們也不會理解。我們無法理解黑盒子內部的流程，但卻將其投入要素和產出納入我們的決策之中。

我們只能相信無從理解的事物不斷增加，結果，我們往往比較重視能夠解釋事情的人，卻不是根據他們實際的解說內容。

假以時日，只需圖片配合一些動作就能說服人們的現象將會成為常態，而不是實際的論點。

➥另請參考：黑天鵝模型（112頁）

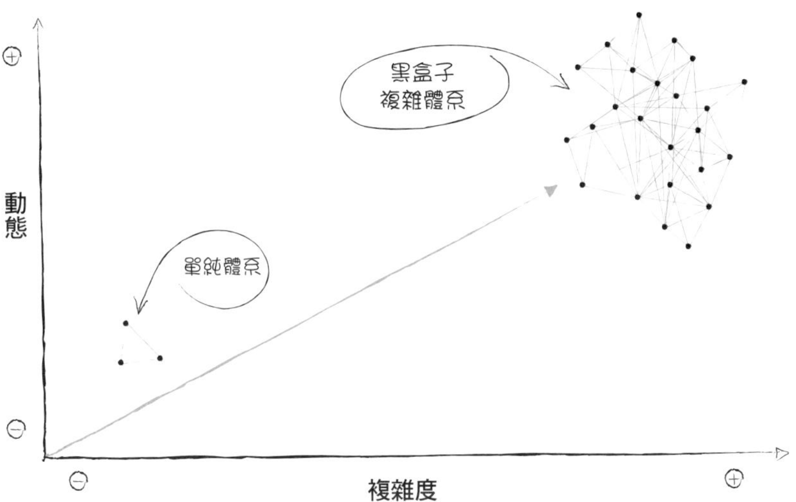

流程的速度和複雜度會等比增加。越來越複雜的解說往往讓我們無法理解。

地位模型

如何辨識贏家

我們都有社會期望，不論你們是否渴望銜著銀湯匙出生，還是只要富有一點就好，都是如此。可是，社會階級和地位要怎麼看呢？

這個部分的模型有兩個軸線：「你怎麼花錢？」以及「你怎麼賺錢？」在這個矩陣，我們界定四個類型：

舊富

固有的社會精英在面臨世界劇變的當下，依然堅守老派的傳統；這樣固執的堅持可說是他們的一大特徵。他們會開兩台一模一樣的勞斯萊斯，以免外界覺得他們過於招搖。他們捐好幾百萬給慈善機構，以求心安。這類人物有一絲荒謬的氣息。

富二代

聽起來就像是刮傷的唱片一樣，為了他們從來不曾擁有的身分認同而尋尋覓覓。一無是處。不用對這種人多費心思。

新富

這群新富階級花起錢來好像沒有明天一樣——而且越招搖越好，好讓每一個人都可以注意到。這個族群以巨大的運動休旅車為其身分象徵。不過，他們好大喜功的傾向可能意味著，這一切沒有多久就會成為過眼雲煙。

環保休旅族

他們從事創新的事業生涯，追求有機的生活型態，開的是綠色環保的休旅車；這種種宣揚的是另外一種的全球化——邪不勝正。不過他們主要是為了個人優勢而追求這種永續的生活方式，而不是因為良心不安。綠色環保的休旅車族群並不會因此放棄奢華，因為現在的奢華也講究綠色環保。這群新崛起的精英分子是以綠色環保的休旅車為象徵：也就是永續的奢華。

窮人指望致富，富人指望快樂，單身的人渴望婚姻，已婚的人卻指望死亡。

——蘭德斯（Ann Landers）

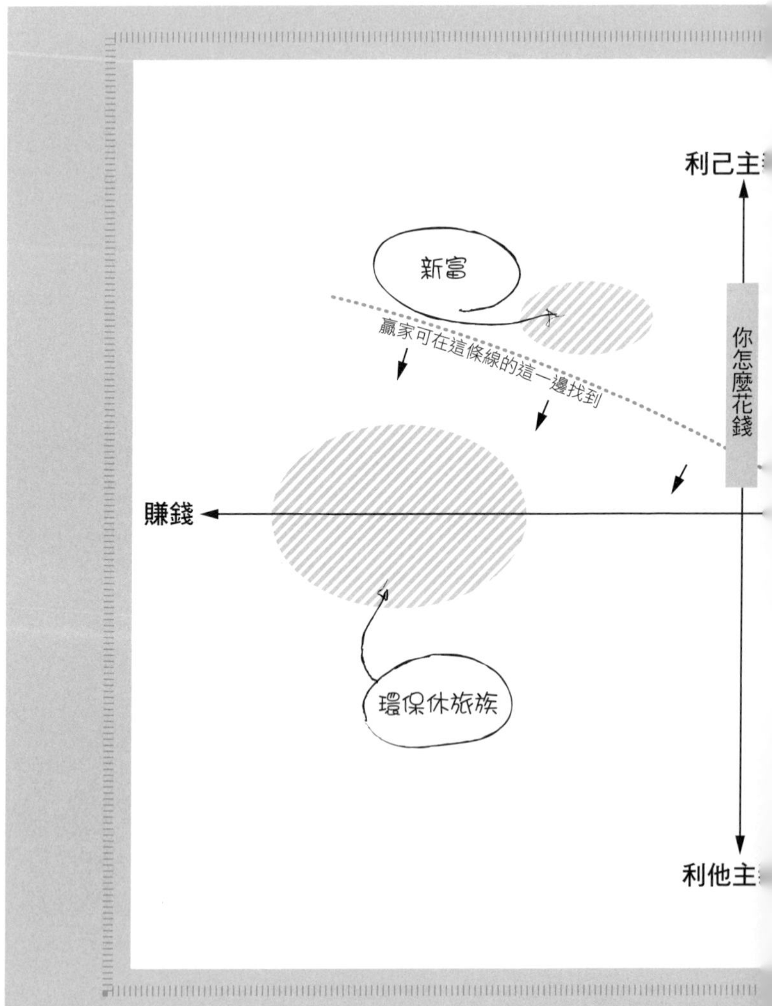
利己主
新富
贏家可在這條線的這一邊找到
你怎麼花錢
賺錢
環保休旅族
利他主

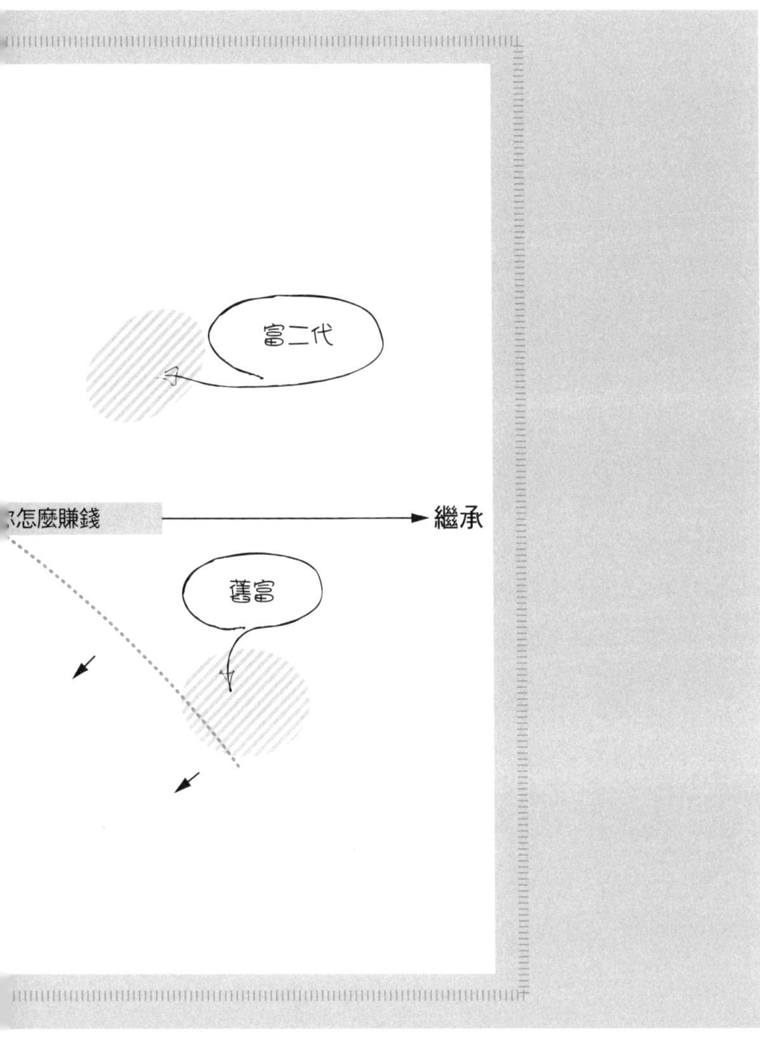
富二代
怎麼賺錢
繼承
舊富

囚犯的困境

什麼時候值得信賴別人？

有句諺語説：信賴會招來背信。可是真的是這樣嗎？我們可從以下這個謎題找到答案。

兩名嫌疑犯遭控曾經共同犯下某個案件，這個案子的罪行最高是十年。這兩名嫌犯是分別落網的，警方對他們分別提出同樣的協議：如果他坦承兩人同謀犯罪，而同夥保持緘默，那麼所有指控他的罪名都會撤銷——可是他的同夥必須服完整整十年的刑期。如果他跟同夥都保持緘默，就算只有旁證，也足以讓他們兩人坐牢兩年。不過如果他跟同夥都坦承犯案，就會分別被判五年刑期。他們不能串供。他們在接受偵訊的時候該怎樣回應？他們應該信賴彼此嗎？

這就是所謂的囚犯的困境，賽局理論一個典型的謎題。如果這兩名嫌犯都選擇最明顯的那個選項——也就是先坦承犯案：這會讓他們分別被判五年——那麼就會雙輸。如果其中一方信賴對方會保持緘默，那麼結果會比較理想——這樣他們分別會被判兩年。值得注意的是，如果其中一名嫌犯承認犯案，那麼另外一名嫌犯就會被判十年，坦承犯案的那個嫌犯便會獲得自由。

政治學家羅伯特·艾瑟羅德（Robert Axelrod）在一九七九年舉辦一場比賽，由十四名學術界的同儕進行兩百場的囚徒困境實驗，從中找出最好的策略。他發現在第一局最好跟同犯合作（也就是信賴對方）。在第二局，跟你的共犯在前面一局所為一樣。透過仿效對方的舉動，他也會仿效你。

你不能跟緊握的拳頭握手。
——英迪拉・甘地（Indira Gandhi）

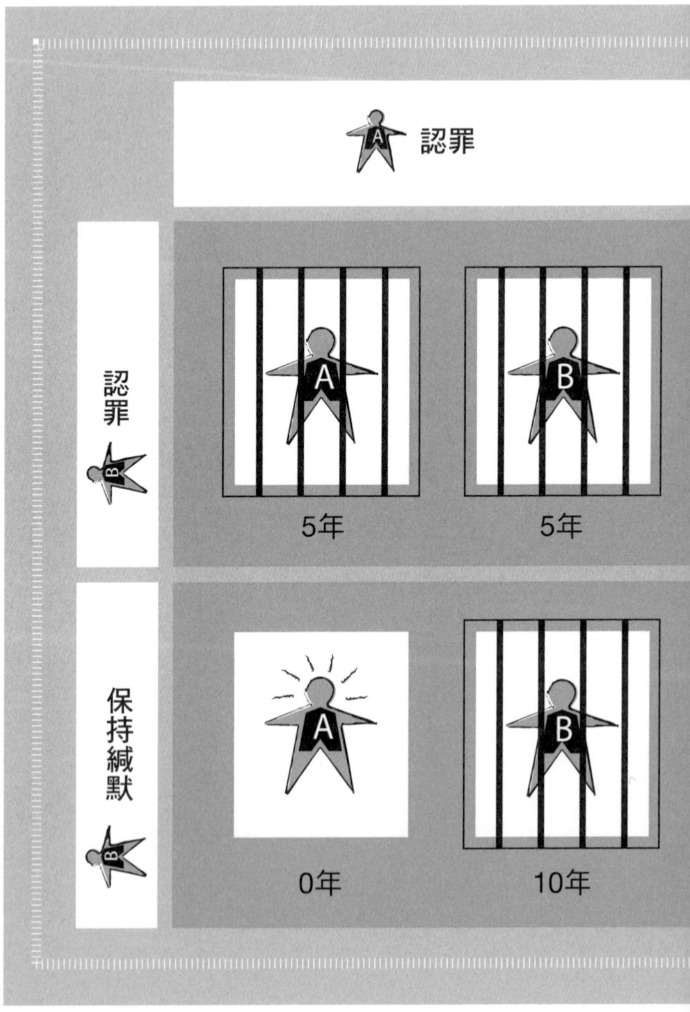

你跟共犯都在接受審判。如果只有你坦承犯案，你的共犯將會被判十年刑期。如果你們兩人都保持緘默，那麼雙方都會坐兩年的牢。如果你們兩個人都坦承，那麼你們兩人都會服刑五年。你們不能串供。你要怎樣反應？

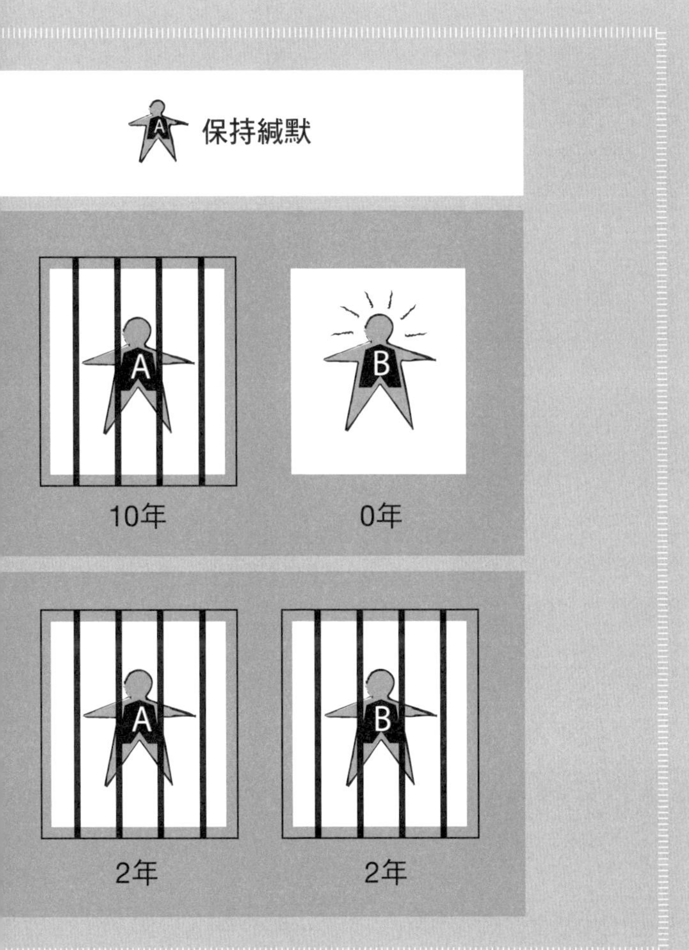
A
保持緘默
A
B
10年
0年
A
B
2年
2年

如何改善他人

德萊克斯勒—西貝特團隊績效模型

怎樣將小組打造成團隊

團隊績效模型和策略有好幾百種，其中一種最好的，也是最簡單的一種，是由葛洛夫顧問公司創辦人德萊克斯勒（Alan Drexler）和西貝特（David Sibbet）開發的。這套模型說明專案參與者通常會經歷的七個階段。

請根據以下模型中的箭頭，在每一個階段都有一個問題代表我們在當下對自己的疑問：在中間的問題是「我為什麼在這兒？」，接著則是「我們會怎麼做？」，最後是「為什麼繼續下去？」。此外，還有一些形容詞，通常用來形容參與者在那個階段的感受：包括他們在進行期間的感受，以及在順利完成這個階段時的感受。這些階段當中，許多答案似乎都是不言自明，而且瑣碎，不過經驗顯示，這些階段是每一個團體都會經歷的。如果你們跳過某個階段，日後還是得回到這個部分。

如果你們在領導某個團隊，那麼應該從專案一開始就提出這個模型。在專案開始之後，定期詢問參與者這些問題：

- 你們進行到哪兒了（專案的哪個階段）？
- 你們得怎麼做才能進入下個階段？

如果你們不確定目前團隊進行到哪個階段，看看模型中每個階段附上的形容詞，問自己哪些形容詞可以貼切地描述你個人，哪些則可以適用於團隊上頭。

別因為團隊中的負面情緒而感到膽怯。如果早該處理的議題一直壓抑下去，接連好幾個階段都得不到解決，那麼到了最後階段你們還是得去處理；如果是這樣，那還不如早點公開衝突，把問題解決。

當心！千萬別試圖將這個模型硬套在你們團隊上。這個模型只是指引方向的輔助工具：就像是羅盤一樣，而不是心律調節器。

唯有當有人勇於跨出第一步時，團隊才能向前邁進。身為領導者的你們，應該做好準備，成為第一個勇於犯錯的人。

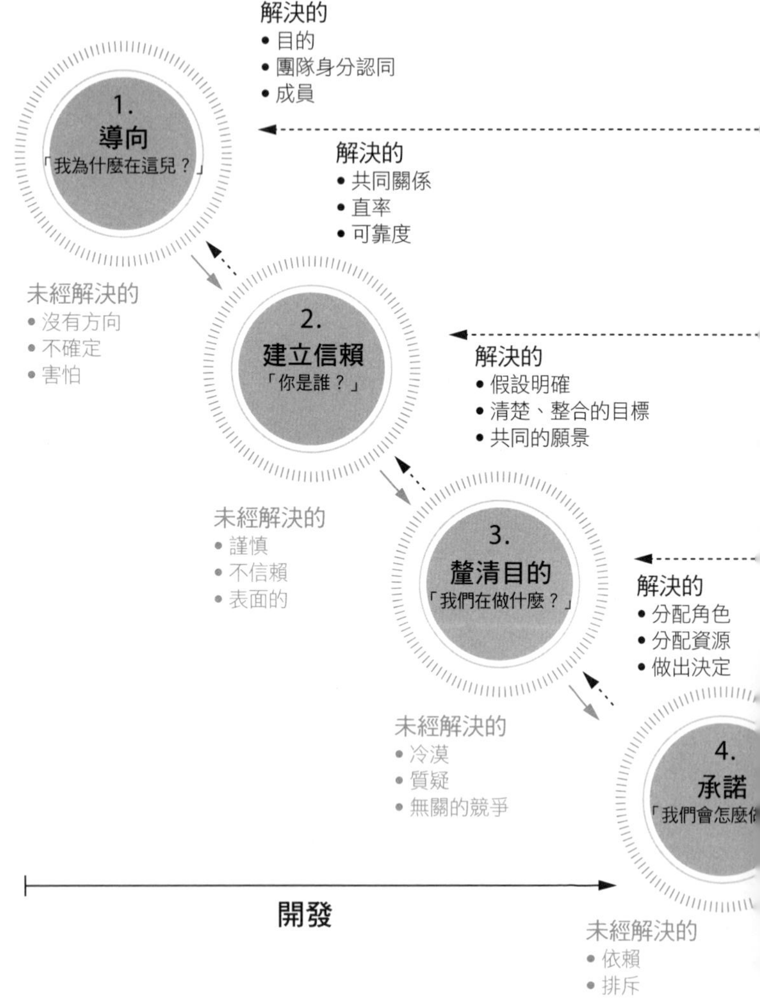

團隊績效模型顯示每個團隊在執行專案時都會經歷的七個階段。

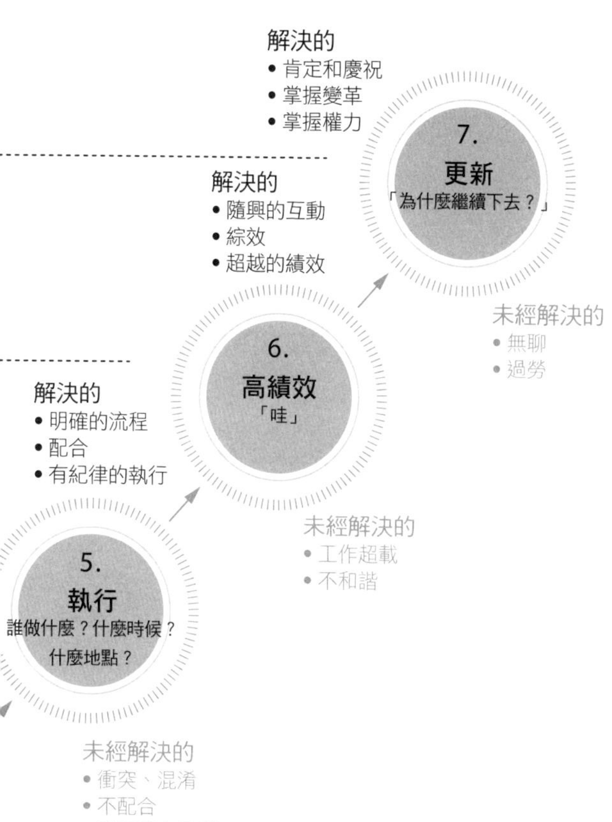
解決的
• 肯定和慶祝
• 掌握變革
• 掌握權力
7.
更新
「為什麼繼續下去？」
未經解決的
• 無聊
• 過勞
解決的
• 隨興的互動
• 綜效
• 超越的績效
6.
高績效
「哇」
未經解決的
• 工作超載
• 不和諧
解決的
• 明確的流程
• 配合
• 有紀律的執行
5.
執行
誰做什麼？什麼時候？
什麼地點？
未經解決的
• 衝突、混淆
• 不配合
• 錯過截止日期
績效

團隊模型

你的團隊有完成任務的能耐嗎？

不論你們是幼兒園園長，還是國家體育代表隊的隊長；也不論你們想要成立公司，還是建立募款委員會，都要問自己以下這些問題：我有沒有這個專案所需的人才？我們具備的技能是否符合專案的目標？我們有沒有能力去做我們想要從事的工作？

這個團隊模型將會協助各位判斷你們的團隊。一開始要先對你們認為攸關執行專案所需的技能、專家以及資源進行定義的界定。列舉執行專案必要的技能。區分軟性技能（soft skills）（也就是忠誠度、動機、可靠度）以及硬性技能（hard skills）（也就是電腦技能、商業以及外語能力）。以從一到十的分數，界定每一項技能的關鍵界線。譬如，法語可以接受的流利程度可能是五分。接下來便是根據這些標準來判斷你們的「團隊成員」。劃線把這些點連結起來。這個團隊的弱點是什麼？長處又是什麼？

隨後由團隊成員自行評估，所透露的結果會比這個模型本身更為明顯。能夠正確判斷本身能力的團隊才是好的團隊。

注意！真正的長處蘊藏在差異性裡頭，而不是相似之處。

善於識人、所選人才能夠使命必達，而且能夠自制、不會在屬下執行任務時擅加干預，這樣的執行主管才是真正優秀的主管。 ——羅斯福（Theodore Roosevelt）

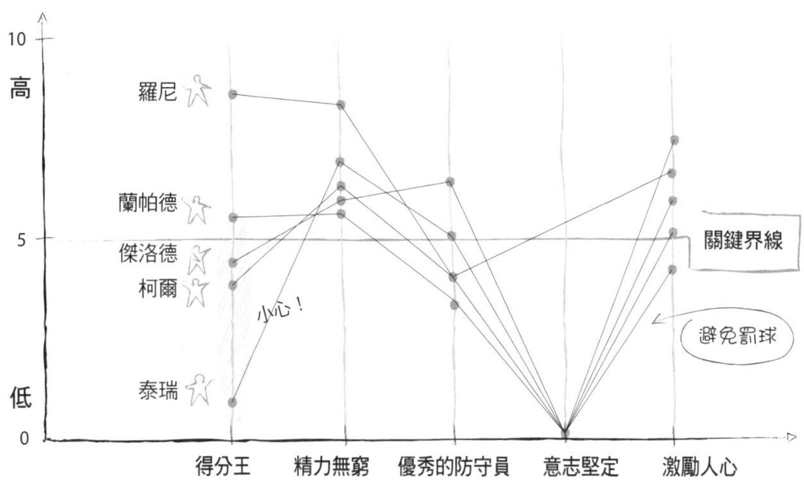

（上圖是根據英格蘭2010年世界盃的績效。）根據你們團隊的目標建立新的標準，並根據這些標準對每一位團隊成員進行評估。然後請每一個團隊成員自行評估。相較之下，這些曲線看起來如何？

市場缺口模型

怎樣發現有收穫的點子

每家新公司的目標都不外是找到以及滿足市場缺口。不過什麼是接下來最理想的進行方式？ 市場缺口模型以明確的三層面型態來預測市場。請畫出三條軸線來衡量你們市場、顧客以及未來產品的發展。

假設你想要推出新的雜誌，那麼：

- X軸代表**成本效益**：你產品經濟面的效益如何？
- Y軸代表**尊榮**：這項產品有多知名？
- Z軸代表**意識**：你的產品有多「響亮」？

將你們競爭對手的產品畫在這個圖形之上。圖形中，在充滿競爭對手的領域，除非你們的產品有潛力成為「品類殺手」（category killer），才應打入市場。例如，*Grazia*週刊之所以能克服原本已經飽和的女性週刊市場，靠著是結合高檔時尚新聞和絕對獨家的八卦。尋覓市場上為人所忽略、還有空檔的利基之處。

留意！如果某個領域唱空城記，你們應當了解到底有沒有需求存在。

定位就好像探勘石油一樣，光是快要鑽到還是不夠理想的。

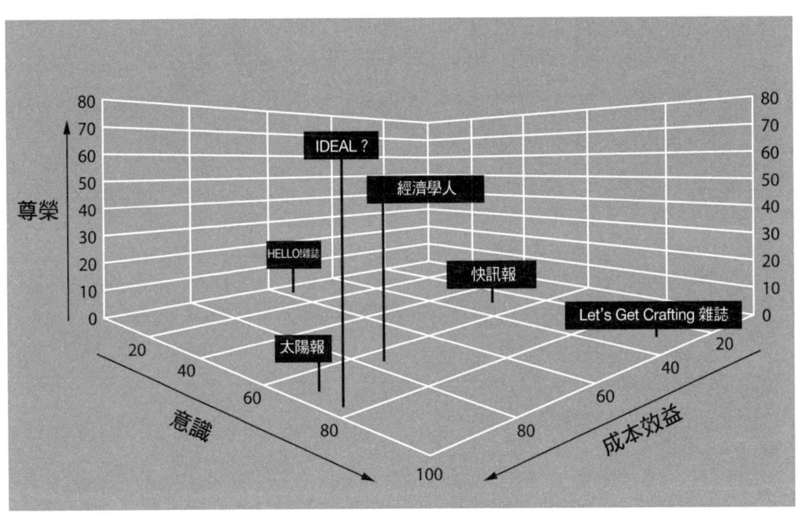

這個模型有助於找出市場上的缺口：根據這三個軸線（也就是尊榮、成本效益、以及意識）定位你們的競爭對手。利基在哪裡？

賀賽–布蘭恰德模型（情境領導）

如何成功管理你的員工

過去一百年來，組織理論出現了許多巨大的變化。人就如同機器一般，而且應該待之如機器（泰勒〔Taylor〕、福特〔Ford〕）。考慮到社會要素，別客觀地規範工作條件，能夠產生最理想的結果（霍桑〔Hawthorne〕）。組織能夠自我規範（克拉克〔Clark〕、法利〔Farley〕）。以及策略管理，也就是將組織活動區分為主要和次要的活動，能夠帶來成功（波特〔Porter〕）。

賀賽（Paul Hersey）、布蘭恰德（Ken Blanchard）提出大不相同的理論，主張最重要的是根據眼前的情況調整本身的領導風格。這種「情境領導模型」有以下這個部分：

1. **指導：**當他們開始工作的時候，員工需要強大的領導。作為新進人員，他們通常非常投入，可是他們的專業程度還很低。員工得接受命令和指揮。
2. **輔導：**員工的專業程度提升。他們因為壓力以及新工作剛開始的客氣已經消失，對於工作的動機和承諾也隨之下降。在這個部分是問員工問題，他們會自己去找答案。
3. **支持：**專業技能大幅提升。對於工作的投入程度可能各有不同：若不是下降（員工可能辭職），就可能因為更加獨立而更加積極（鼓勵員工提出自己的點子）。

4. **授權**：員工充分掌握自己的工作。對於工作的動機高昂。他們有自己負責的專案，並領導自己的團隊。

以這種讓自己顯得多餘的方式領導屬下。引領員工邁向成功，有朝一日，他們自己便能獨當一面。

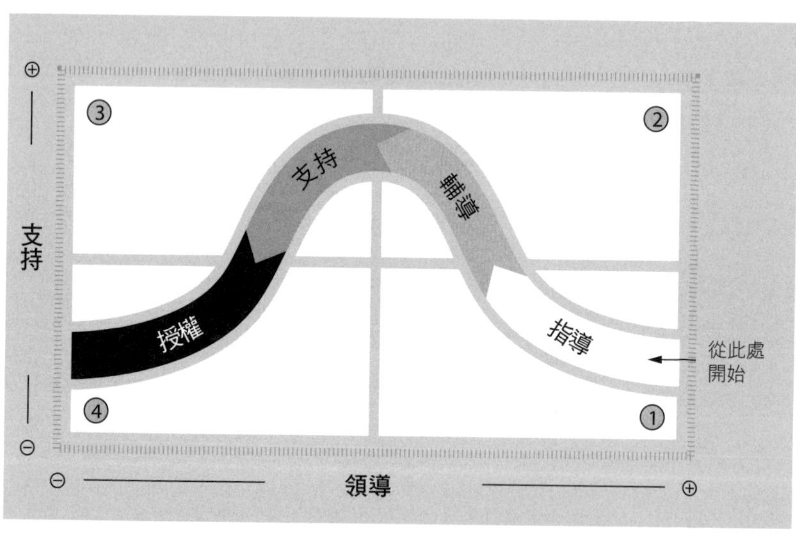

從右到左，新進員工必須先接受指導、然後是輔導、支持，最後則是授權。

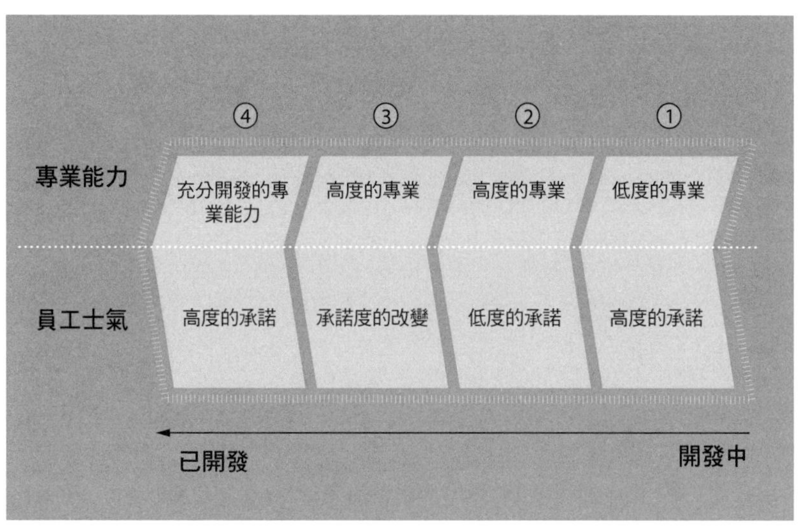

由右到左，是時間軸線上的能力與工作倫理比。

角色扮演模型

如何改變本身的觀點？

創意思維大師布諾（Edward de Bono）於一九八六年提出六頂思考帽（Six Thinking Hats）時，批評人士對他的理念嗤之以鼻。布諾的理念是為工作小組成員分配臨時的平面觀點，亦稱為思考帽。現在，這個技巧廣為世人所接受，布諾的六頂思考帽已作為團隊或是會議激發溝通的技巧，並兼顧趣味和嚴肅來探討討論的主題。

這個模式的運作方式是這樣的。團隊成員對某個理念或是策略進行討論。在討論的時候，所有的成員都會在這六項觀點之中擇一：這些意見以不同顏色的帽子代表（所有團隊成員都同時戴著相同顏色的帽子是很重要的）。

每一個顏色分別代表不同的特色：

- **白帽**：分析的、客觀的思維，重點在於事實和可行性。
- **紅帽**：情緒的思維，主觀的感受、觀感以及意見。
- **黑帽**：嚴謹的思維、風險評估、找出問題，以及質疑、批判。
- **黃帽**：樂觀的思維、碰運氣賭會有最好的情況。
- **綠帽**：創意的、相關的思維，新的點子、腦力激盪、有建設性的。
- **藍帽**：有結構的思維、流程綜覽、綜觀全局。

留意！會議必須有人主持，以確保團隊成員不會偏離本身分配到的角色。

同質性高的團隊，團隊成員意見和性格特質雷同，同樣也不行。在一九七〇年代，貝賓（Meredith Belbin）研究個人和個性的角色以及對於團隊成員的影響力。根據觀察，他歸納出九種型態：

- **行動導向的：**做事者、執行者、完美主義者。
- **溝通導向的：**協調者、團隊合作者、開拓者。
- **知識導向的：**創新者、觀察者、專家。

如果你有好的點子，但又擔心可能遭逢強大的阻力，那麼在領導團隊討論時不妨試試看這種方式：讓其他團隊成員覺得點子是他們自己提出的。人們愈是覺得自己組織出某個點子，對於這個點子的執行就會愈加積極打拚。如果某個點子沒有人宣稱是他們自己提出的，那麼這個點子可能根本就不夠理想！

我從來不曾單打獨鬥過。一切的成就，都是集體的努力。

——前以色列總理梅厄夫人（Golda Meir）

➥另請參考：德萊克斯勒—西貝特團隊績效模型（130頁）

團隊角色	貢獻
工廠	推出新的點子
資源調查者	調查可能性、開發人脈
協調者	鼓勵決策流程、授權
塑造者	克服障礙
監督者	檢驗可行性
團隊成員	改善溝通，推動進度
執行者	將點子付諸實施
完成者	確保結果最適化
專家	提供專家的知識

特質	可容許的弱點
突破傳統的思維	心不在焉
溝通型、外向	過度樂觀
獨立、負責	看似性喜操縱他人
充滿活力，樂於在壓力之下工作	沒有耐心、脾氣暴躁
穩健的、注重策略	平庸
合作的、具外交手腕	優柔寡斷
謹守紀律、可靠的、有效的	僵化的
認真、迅速	膽怯、幾乎不授權他人
自立的、投入的	迷失於細節之中

結果最適化模型

為什麼印表機總在截止日期之前壞掉？

專案管理模型和方法多如牛毛，大多數都是基於專案會在一段時間之內完成的前提。一般來說，在這段時間內，人們會蒐集、整合點子，選出概念以及執行。在實際的世界裡頭，我們都知道時間永遠都不夠。時間就已經很有限了，還有無法預期的事件會讓時間更加緊迫；譬如就在你要使用的前一分鐘，印表機卻壞了。

隨之產生的最適化（optimisation model）把可用的時間區分為三段等長的序列 （迴路），讓專案經理人不得不完成專案三次。箇中的用意是改善每一個連續工作迴路的成果。這個模型不但能讓成果的品質更好，而且最終的結果也會更為成功：當專案終結的時候，整個專案小組不光是因為「總算告一段落」而高興，而是瀰漫著三倍的成就感。

注意！在執行這項策略的時候要嚴謹：每一段迴路都要切實完成之後才能展開下一段。否則，這個模型的動態會喪失殆盡。

以開發流程而言，蒐集、整合和執行這三個階段要明確地區分開來。

完美的事物永遠不會完美。——無名氏

➥另請參考：德萊克斯勒—西貝特團隊績效模型 （130頁）

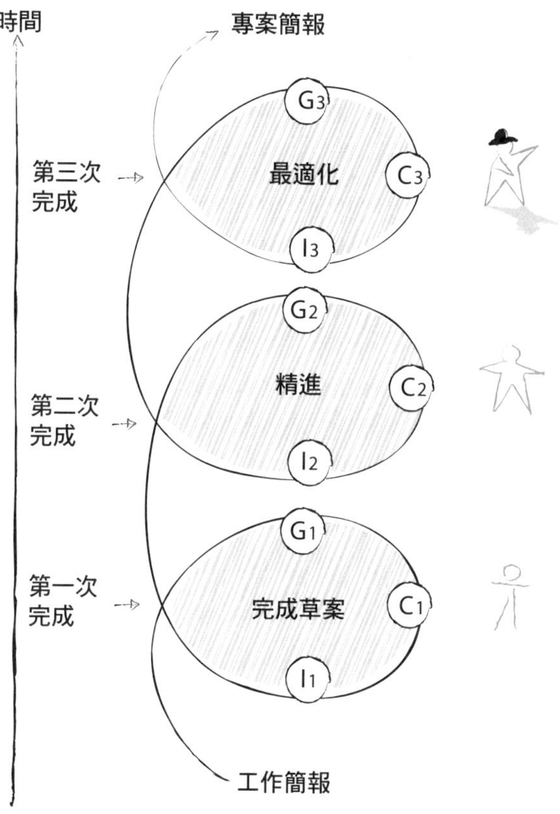

G = 蒐集點子
C = 整合為概念
I = 執行

要達到最適化的成果，你們應該規劃專案要完成三次。在第三次，才算是真正的大功告成。

下一個頂尖的模型

我們可從這本書學到什麼？

就算是最單純的決定，要納入考慮的要素依然可能超過我們的想像之外。所以管理模型試著把點子濃縮到四個領域的矩陣之中，希望藉此降低複雜的程度。

「這一切都是從試算表程式開始的。」聖愛都特維勒學院（Gottlieb Duttweiler Institute）科研主任凱倫．弗里克（Karin Frick）如此表示。試算表是近年來功能最強大的管理工具之一。試算表軟體，像是微軟的Excel，讓我們管理支出和預算的方式出現了革命性的變化。

「對於手持榔頭的人而言，每樣東西看起來都像釘子。」馬克．吐溫（Mark Twain）這樣的觀察也可以套用在模型之上；模型所呈現的現實世界往往自成一格。四領域的矩陣和Excel試算表為使用者提供了觀看、了解以及組織這個世界的途徑。這些工具改變了我們了解商業流程的方法，程度之劇猶如太空望遠鏡改變了我們觀察天象的方式。當試算表和矩陣問世之初，這種新的視覺輔助工具，讓企業可從新的觀感來看現實世界。不過現實世界比起這些模型讓我們相信的世界要複雜得多。

下一個頂尖的模型（The next top model）是由威士德（Frederic Vester）在一九七〇年代推出的。他普及網絡思維能力（networked thinking）的理念。自此以後，以管理複雜體系為主題的書籍便接連登上暢銷書的排行榜，例如凱利（Kevin Kelly）在一九九〇年代寫的《失控》（*Out of Control*）以及塔雷伯在二〇〇七年寫的《黑天鵝效應》（*The Black Swan*）。怎樣因應複雜的情勢、有系統的思維、混沌理論以及自我組織理論，多年來都是經理人的必讀。

儘管如此，當今管理理論所處的階段，和醫學界在放射線技術以及比較近年的電腦斷層掃描問世之前大致相同。在那些技術發明之前，醫師大都無法從病徵找出病灶，而且他們的治療方法同樣也是比較原始、粗糙。新技術的陸續問世，讓精密程序也日益變得可能。很快地，遺傳基因工程或許便能讓我們得以直接根除疾病。

現在遺傳工程所用的分析類型在管理領域是非常有發展前景的嶄新見解。為了解開遺傳資訊以及及早找出病徵所開發的程式，有朝一日，也可為消費行為以及其他資訊流解密。在《什麼都能算，什麼都不奇怪：超級數據分析的祕密》（*Super Crunchers*）一書之中，作者伊恩．艾瑞斯 （Ian Ayres）告訴讀者現在這一切都有可能達到。以下是幾個他提供的例子：

- 根據波爾多（Bordeaux ）葡萄酒產區的天氣統計數據，經濟學家艾森菲特（Orley Ashenfelter）對於新酒品質的預測，比起葡萄酒大師羅伯特．派克（Robert Parker）根據自身直覺、味蕾和專業知識所做的預測，還要準確。

- Capital One信用卡公司的線上顧客連問都不用問，就會收到一份電腦程式產生的回覆，這是因為電腦程式根據同一類信用卡用戶所提的問題和回覆來做的分析。用戶收到這樣的回覆信件之後，可從選單之中挑出其他的問題（Visa顯然已經能根據信用卡數據來預測夫妻會不會離婚）。

- 哈拉賭場（Harrah's Casino） 能夠預測賭客什麼時候到達輸錢的痛苦門檻。當程式提出警訊的時候，「幸運大使」（luck ambassador）就會出馬，用禮物吸引賭客的興趣，以免為時已晚：這是希望賭客能夠留下來，一直輸下去。

現在，某些特定決定的結果會在虛擬世界先行測試，然後才在實體世界付諸實施：某種程度上，算是電腦虛擬的市場測試。現在我們的所作所為、購買和決定，幾乎都會留下電子足跡（透過RFID無線標籤，可以相對容易地找到人物和產品的所在時空）。這樣一來，企業可以監視公司經營的情形，了解顧客分布在哪裡（或是職員在哪兒），他們現在做些什麼，甚至有何感受都可以偵測出來。

未來，決策者將會應用診斷工具（如先前所述），而不是套用模型。不過這有個問題：現在使用這類工具的決策者並不了解他們在計算些什麼。說明這個世界的公式和模型就跟黑盒子一樣，只有幾個專家了解。典型的用戶必須在自身並不了解的情況下全心信賴系統。可是就算我們不完全了解這些模型在算些什麼，我們還是可以用實際的顧客和市場數據測試，衡量以及精進這些模型。

這是否意味著，我們可以把這本書介紹的模型都拋到腦後？其實正好相反，在一個日益混淆、混亂的世界裡頭，這些早期模型有助於我們專注在真正重要的事物，並相信眼中所見；所以其價值不容低估。就算醫療界出現最新的發明，醫師還是得仰賴最基本的診斷工具：聽診和檢驗病患。

本書介紹的這些模型賦予我們一個觀察這個世界的方法。

➥另請參考：黑盒子模型（118頁）

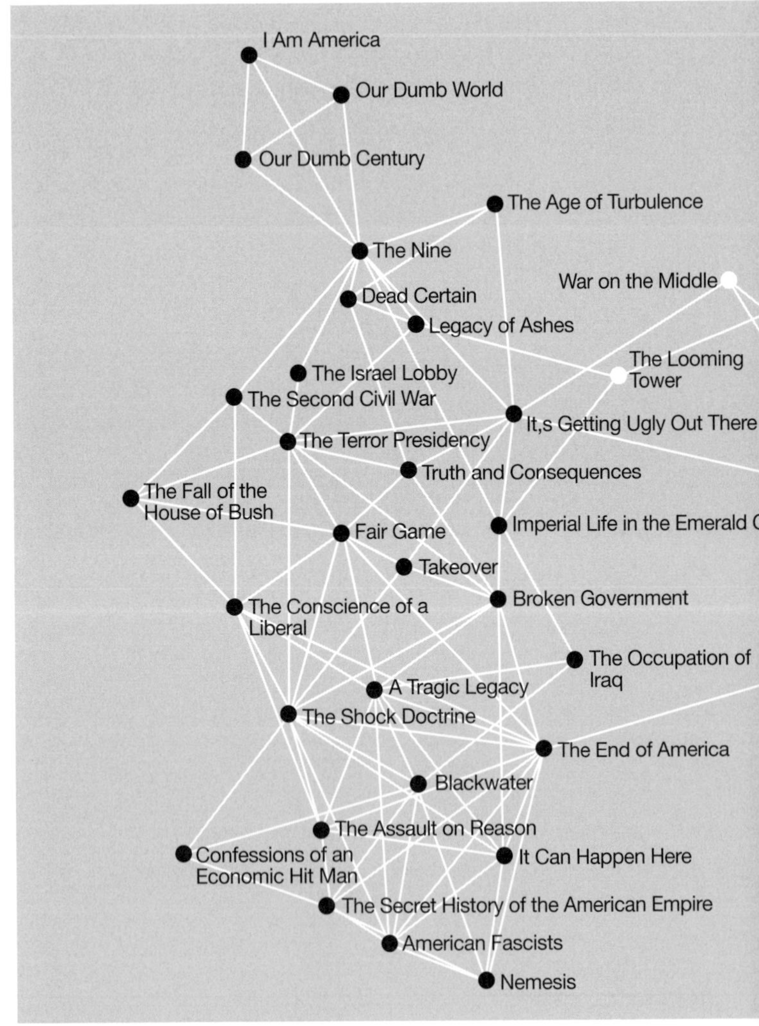

克萊巴斯（Valdis Krebs）為動態模型提供的一個例子：這個例子說明人們購買政治書籍的行為：自由派的內容（黑色）、保守派的內容（灰色），以及沒有政治色彩的書籍（白色）。大多數讀者會在這三類書籍之中固守一種。

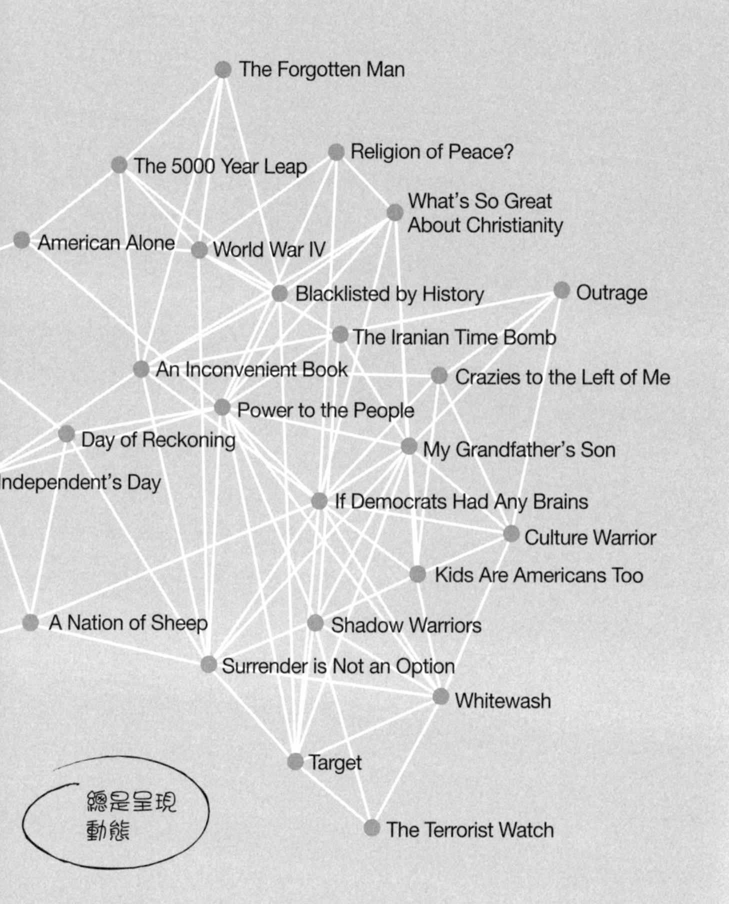
The Forgotten Man
The 5000 Year Leap
Religion of Peace?
What's So Great
About Christianity
American Alone
World War IV
Blacklisted by History
Outrage
The Iranian Time Bomb
An Inconvenient Book
Crazies to the Left of Me
Power to the People
Day of Reckoning
My Grandfather's Son
Independent's Day
If Democrats Had Any Brains
Culture Warrior
Kids Are Americans Too
A Nation of Sheep
Shadow Warriors
Surrender is Not an Option
Whitewash
Target
總是呈現
動態
The Terrorist Watch

該你了

繪圖課1

為什麼要邊講邊畫？

模型的功能在你們畫圖的時候最為有效。為什麼？做個實驗：在一群聽眾面前針對某個主題發表談話，然後觀察多少聽眾邊聽邊做筆記。然後再對另外一群聽眾發表同樣的談話，這一次一邊說一邊為他們畫出心中所想粗略的模型。聽眾當中有多少人會跟著畫下這些模型？多少人會同時做筆記？

用視覺輔助工具來說明理念具有以下這些好處：

- 聽眾不光是聽你說話，同時還看著你畫圖：你得到雙倍的注意力。
- 大家的注意力集中在你的主題上頭，而不是盯著你這個人。這就好像你在對陪審團講述另外某個議題，不再感到自己彷彿置身於陪審團面前受審一般。
- 影像總是會和個人感受以及所在地點深刻地烙印在人們的腦海之中。你的聽眾日後看到這些模型就會想起你的演講。

你只會畫粗略的小人型嗎？別擔心。圖畫愈是精密、完美，就會讓人愈覺得有距離感。圖畫只要簡單、清楚，聽眾就會覺得他們也可以辦得到。所以，繼續畫你的小人，你無須做個才華洋溢的藝術家——但要持之以恆地開發。

A
?

繪圖課2

如何使用小技巧就能讓人印象深刻？

- **邊說邊畫**：就算是粗略、隨性而為的元素，當你即時畫在紙上時，看的人便會了解，而且不會過於苛責。
- **圖片勝過千言萬語**：畫座冰山來吸引大家注意日益嚴重的問題，如果你想要說明支持成功的支柱，可以畫座神廟；畫個橋梁可以凸顯關聯性；粗略地畫出國家的形狀，可為人們建立地理上的前後關係；畫傳輸帶可以形容程序和流程；如果你想要整合點子，可以畫個漏斗；如果要形容階級制度，則可以畫個金字塔。
- **熟悉但不同用法**：每個人都看得懂交通號誌——或是按遙控器上播放和暫停的按鈕。更好的是：把傳統的符號（例如$）或是縮寫（例如「t」代表時間〔time〕）做成圖表。
- **建立結構**：如果你們得討論重要但是不具關聯性的點子，把這些點子寫下來，並且個別圈起來。但是別在這些圓圈之間建立沒有必要的關聯，例如把這些圓圈重疊或是用箭頭把這些圓圈連結起來。
- **錯誤但是強大**：如果你畫了條歪斜的線，別回頭重畫，因為這樣一來便會打斷你的論述的流暢度。如果你畫的圓圈看起來像雞蛋，也是同樣的道理。這些都是抽象的繪圖，不是藝術品。

10%
USA
EU
AFR
A
B
C
A3
A1
A2
TNT

我的模型

附錄

參考書目

- Argyris, Chris; Schön, Donald: *Organizational Learning*. Prentice Hall, 1978.
- Becker, Udo: *Lexikon der Symbole*. Herder, 1998.
- Beck-Bornholdt, Hans-Peter; Dubben, Hans-Hermann: Der Hund, der Eier legt-*Erkennen von Fehlinformationen und Querdenken*. Rowohlt, 1997.
- Benesch, Hellmuth: *DTV Altlas Philosophie*, 2007.
- Bourdieu, Pierre: *Die feinen Unterschiede: Kritik der gesellschaftlichen Urteilskraft.* Suhrkamp, 2000.
- Elbæk, Uffe: *Kaospilot A-Z. Förlaget,* 1997.
- *Esquire Black Book* 2007, Hearst Corp.
- Friebe, Holm; Lobo, Sascha: *Wir nennen es Arbeit*. Heyne, 2006.
- GDI Impuls, 3/05.
- Gladwell, Malcolm: *The Tipping Point.* Black Day Books, 2002.
- Horx, Matthias: Anleitung zum Zukunfts-Optimismus-Warum die Welt nicht schlechter wird. Campus-Verlag, 2007
- Kelley, Tom: *The Art of Innovation.* Currency, 2000.
- Klein, Naomi: *The Shock Doctrine.* Metropolitan Books, 2007.
- Koch, Richard: *The 80/20 Principle. The Secret of Achieving More with Less.* Doubleday Business, 1997.
- Kreiner, Kristian; Christensen, *Søren: Projektledelse i løst koblede systemer.* Jurist- og Økonomiforbundets Forlag, 2002.

- Macrone, Michael: *Heureka!-Das archimedische Prinzip und 80 weitere Versuche, die Welt zu erklären.* DTV, 2000.
- Mankiw, Gregory N.: *Macroeconomics.* Worth Publishers, 1997.
- Mérö, Làslò: *Die Logik der Vernunft, Spieltheorie und Psychologie des Handelns.* Rowohlt 2000.
- Reason, James: *British Medical Journal,* 2000.
  Rheinberg, Falko: *Motivation (Grundriss der Psychologie).* Kohlhammer-Urban, 2000.
- Scherrer, Jiri: *Ideenbox.* Sauerländer, 2003.
- Senge, Peter: *5th Discipline.* Currency, 2006.
- Stroebe, Wolfgang; Hewstone, Miles; Stephenson Geoffrey M.: *Sozialpsychologie-eine Einführung.* Springer, 1996.
- Taleb, Nassim Nicholas: *The Black Swan: The Impact of the Highly Improbable.* Random House, 2007.
- Vester, Frederic: *Denken, Lernen, Vergessen.* dtv, 1998.
- Weis, Christian: *Marketing, Kompendium der praktischen Betriebswirtschaft.* Broschur, 2007.
- Withmore, John: *Coaching für die Praxis.* Heyne, 1997.
- Swiss-Cheese-Modell: www.pubmedcentral.nih.gov/articlerender.fcgi?artid=1117770
- BCG Box: www.12manage.com/methods_bcgmatrix.html
- A.I.: appreciativeinquiry.cwru.edu/
- Morphologischer Kasten: www.zwicky-stiftung.ch

網路資料

- www.billiondollargraphics.com
- www.visual-literacy.org/periodic_table/periodic_table.html
- www.provenmodels.com
- islandia.law.yale.edu/ayres/predictionTools.htm

插圖來源

- 瑞士乳酪理論： James Reason: *British Medical Journal,* 2000, www.pubmedcentral.nih.gov/articlerender.fcgi?artid=1117770
- 市場缺口模型： www.innovation-aktuell.de
- 斷層－擴散模型： Malcolm Gladwell: *The Tipping Point.* Black Day Books, 2002.
- 君子送禮模型：Esquire, *The Big Black Book.* Hearst Communications Inc., 015, 2007.
- 烏夫．艾爾拜克模型：Uffe Elbæk: *Kaospilot A-Z.* KaosCommunication, 2003.
- 時尚模型：Eric Sommier: *Mode, le monde en mouvement.* Village Mondial, 2000.
- 時尚模型2：Esquire, *The Big Black Book.* Hearst Communications Inc., 015, 2007.
- 沉浸模型：Mihaly Csikszentmihalyi: *Creativity: Flow and the Psychology of Discovery and Invention.* Harper Perennial, 1996.
- 社會氛圍：www.sinus-sociovision.de
- 布爾迪厄模型：Pierre Bourdieu: *Die feinen Unterscheide: Kritik der gesellschaftlichen Urteilskraft.* Suhrkamp, 2000.
- 囚犯兩難模型：Làslò Mérö: *Die Logik der Vernunft, Spieltheorie und Psychologie des Handelns.* Rowohlt, 2000.
- 跳脫框架思維： www.interchange.dk, Toke Mœller, Monica Nissen.
- 馬斯洛金字塔： GDI Gottlieb Duttweiler Institut.
- 技術循環周期：Gartner,2010.

- 政治羅盤：www.politicalcompass.org
- 賀賽一布蘭恰德模型：P. Hersey, K. Blanchard & D. Johnson: *Managament of Organizational Behavior: Leading Human* Resources. Pearson Eduction, 2008.
- 德萊克斯勒一西貝特團隊績效模型：www.grove.com
- 團隊模型： www.belbin.com
- 結果最適化模型：Kristian Kreiner, SØren Christensen: *Projektledelse i oest koblede systemer.* Jurist- og Økonomiforbundets Forlag, 2002.
- 惠特默模型：John Withmore: Coaching für die Praxis. Heyne, 1997.
- 認知失調理論模型：Carlo Tavris, Elliot Aronson: Mistakes Were Made (But Not by Me). Harcourt, 2007.
- 下一個頂尖的模型：www.orgnet.com/divided.html

結語

這是第一本整理各式各樣決策策略和模型的書。我們沒有原型可以依據，所以得自行開創新局。若有謬誤，或是各位讀者知道還有其他更好的模型，或是你們對於模型可以怎樣進一步開發有建議的話，或是你們只是想要發表評論，都請寫信給我們。你們可以在這個網站www.2topmodels.com討論這些模型。

致謝

若無以下人士和機構的慷慨相助，本書也無緣順利完成：

Pat Ammon, Multiple Global Design ; Chris Anderson, Wired ; Mark Buchanan ; Andreas 'Becks' Dietrich ; Uffe Elbæk ; Matt Fischer, Apple Music Store; Karin Frick, GDI ; Dag Groedal, Nordea ; Peter Haag ; Cedric Hiltbrand ; the Kaospilot University ; Marc Kaufmann ; Benno Maggi ; Christian Nill ; Courtney Page-Ferell, Play ; Sven Opitz, University of Basel ; Jenny Piening , Mark Raskino, Gartner ;Sara Schindler and Laura Clemens ; Pierre-André Schmid ; Michael Schuler, Head of Music, DRS3 ; Ute Tellmann, University of Basel ; and Daniel Weber, NZZ Folio .

國家圖書館出版品預行編目資料

如何下決定／Mikael Krogerus and Roman Tschäppeler 著；胡瑋珊 譯.
-- 初版.-- 臺北市：大塊文化，2012.03
面；　公分.-- (from ; 78)

譯自：50 Erfolgsmodelle
ISBN 978-986-213-324-8(平裝)

1.行為心理學 2.決策管理

176.8　　101001907

LOCUS

LOCUS

LOCUS

LOCUS